올리브 농장; 이태리 아씨시

영국 꽃 전시회; 함톤코트(2008)

침엽수 숲길은 삼림욕장: 월정사 입구

피톤치드를 가장 많이 배출하는 소나무 숲; 설악산

고요한 숲속은 영성을 얻는데 적격; 인도 다람살라

군자에 비유한 연꽃

회화나무 식재는 대학자 배출 염원; 양동마을

석류나무 식재는 자손번창 염원; 양동마을

말끔한 잔디밭 대신 풀밭 조성; 벨기에 브뤼허

경회루 못 중도에 장수를 상징하는 소나무

경복궁 근정전 일월오봉도의 소나무와 천정 칠조룡(七爪龍)

경복궁 자경전 굴뚝 십장생 문양 속 소나무

경복궁 후원에 놓인 석연지

창덕궁 비원 입구 가을 풍경

다양한 서식환경이 다양한 생물서식

겸손·문무를 상징한 난초

큐가든 하늘정원(Sky Garden at Kew)

낙선재 후원의 석연지와 삼신산석

곡수(穀樹)였던 감나무

식물, 새 천년의 주인공

심 우 경 지음

미세움

식물, 새 천년의 주인공

—

인쇄 2018년 9월 15일 1판 1쇄 **발행** 2018년 9월 20일 1판 1쇄

지은이 심우경 **펴낸이** 강찬석 **펴낸곳** 도서출판 미세움
주소 (150-838) 서울시 영등포구 도신로51길 4
전화 02-703-7507 **팩스** 02-703-7508 **등록** 제313-2007-000133호
홈페이지 www.misewoom.com

정가 18,000원

—

ISBN 979-11-88602-08-7 . 03040

五峯講座 I

고려대 명예교수 심우경이 전하는
지구의 원(原)주인공 식물과
더불어 살아가는 인문학적 이야기

식물,
새 천년의 주인공

심우경 지음

미세움

머리말

인류는 새 천년이 시작된 서기 2000년 새 시대가 열리리라 꿈에 부풀었었지만, 18년이 지난 현실에서 기후변화 및 지구온난화, 생물 및 문화다양성, 도덕성, 식량, 건강 등의 많은 문제들이 개선의 기미가 보이지 않은 채 악화만 되고 있는 암담한 실정이다.

이러한 문제들을 해결하려 많은 노력은 하고 있지만 탁상공론에 그치고 있는 가운데 서양에서는 지구의 종말을 경고하는 '운명의 날 시계(Doomsday Clock)'가 23시 58분 00초로 자정 2분 전까지 왔다며 불안에 떨게 하고 있고, 500년 후에는 제6차 대멸종기가 도래한다는 주기설을 주장하는가 하면, 동양에서는 지구가 오후[가을]에 접어들었다고 판단하며 후천개벽을 주장하고 있다.

현실적으로 지구환경 수용력(收容力, carrying capacity)은 15~20억 명으로 추정되고 있으나 2050년에는 100억 명 가까이 되리라 예측하고 있어 문제는 더욱 심각한 실정이다. 지난 천년의 기계시대에는 편리함과 효율적인 삶을 누렸지만 너무나 큰 부작용을 감수해야 했고, 그 전 천년의 시대에는 '현명한 동물(*Homo sapiense*)'이라고 자칭한 인간이 너무나 나약했었다.

이제 새 천년이 진행된 작금에 '하나뿐인 지구(Only One Earth)'에서 인류가 떳떳이 살아가기 위해 당면한 문제를 슬기롭게 풀 수 있는 방안을 강구 중이며 지구의 원래 주인공이었던 식물을 다시 보살피며 식물과 더불어 살아가야 된다고 목소리를 높이고 있다.

따라서 본서의 구성은 제1장에서는 식물이 지구환경보전에 기여하는 20항목을 살펴보고, 제2장에서는 식물이 인간 삶의 질을 향상시키는 13항목을 알아봄으로써 새 천년에는 식물이 주인공이 되어야 한다는 당위성을 밝히고자 했으며, 부록으로 식물을 가꾸는 기본적인 사항과 일반인들이 쉽게 키울 수 있는 정원식물 100종을 첨부하고, 더 많은 정보를 얻고자 하는 독자들을 위해 참고문헌을 소개하였다.

따라서 식물을 연구하는 학자들은 깊은 연구에만 천착하다 보니 두루 살피지 못하고 있고, 일선에서 식물을 다루는 분들도 식물을 사랑하는 마음씨는 그지없지만 식물의 종합적인 역할을 따져 보지 못하고 있어 식물을 연구하는 학자들에게는 자긍심을, 식물을 직접 가꾸고 있는 분들에게는 희망을 드리고자 했으며, 각 항목마다 깊이 연구해야 하는 중요한 주제지만 본서에서는 문제제기에 의미를 두어 현황사진 위주로 저술했다. 또한 국내외적으로 식물의 역할을 부분적으로 다룬 책은 다소 출간된 바 있으나 식물이 환경·문화에 기여하는 종합적인 면을 다룬 책이 발간된 적이 없기 때문에 영문판을 출간하기로 하버드대 Kirkwood 교수와 합의했다.

소생은 1967년 고려대학교 원예학과에 입학하여 본격적으로 식물을 공부한 지 50년이 지났고 식물을 이용하여 환경을 개선하는 조경식재학을 40년 넘게 연구하고 설계, 시공하였다. 하지만 보여드릴 저서가 없어 아쉬워하다가 직장에서 퇴직도 했고 어느덧 종심(從心)의 나이가 되었으며, 1998년 식물 역할의 학제간 연구를 위해 소생이 설립한 (사)인간·식물·환경학회(회장 오대민)가 20주년을 맞아 자축도 할 겸 그간 공부하고 주장했던 바를 정리하여 부족하지만 본서를 내게 되었다.

본서를 출간하는 데 정신적 자양분을 주신 故 雲汀 韓島 선생님 (1885~1978), 식물에 대한 과학적 사고를 가르쳐 주시고 석·박사 지도교수님이셨던 故 郭炳華 교수님(1930~2010), 잠시의 대화였지만 고등종교 출현 이전은 동서양이 하나였던 보편적 문화(universal cultures)였음을 안내해 주신 영국 뉴카슬대학교 故 Brian Hackett 명예교수님(1912~1998), 식물이 조경설계에서 주 소재임을 가르쳐 주신 故 張

文起 한국종합조경공사 설계부장님, 氣의 세계를 안내해주신 崔炳柱 회장님께 고개 숙여 감사드린다.

이 책이 출간되도록 협조해주신 미세움 출판사 강찬석 사장님과 임혜정 출판부장님에게도 감사드리고, 늘 자식들 걱정하시다 5년 전 세상을 떠나신 어머니, 건강하시게 봉사활동을 실천하고 계시는 아버지, 그리고 사랑하는 가족들에게도 지면을 통해 고마움을 전하며, 부록의 정원식물을 정리해 준 고려대 박사과정 宋碩鎬 군과 자료와 사진을 제공해 준 하버드대 디자인대학원 조경학과 Niall Kirkwood 교수, 영선꽃예술 아카데미 이영선 원장, 그리고 표지디자인과 삽도를 그려준 고려대 박사과정 沈昡男[막내 아들]과 고려대학교 인촌기념관에서 출판기념회를 성대하게 준비해 준 고려대학교 대학원 조경 교우회(회장 권오만)에게도 고마움을 전한다.

2018년 8월

竹爐齋에서 五峯 沈 愚 京

8

차 례

제 1 장
식물과 하나뿐인 지구

제 2 장
식물과 삶의 질

부 록

제 1장

식물과 하나뿐인 지구

Plant and Only One Earth

땅의 윤리

백인들은 미쳤다. 나무를 잘라버리며 거대한 빌딩을 짓고 언덕을 갈아엎으니 흙이 물에, 바람에 씻겨 가버린다. 풀도 사라지고 문짝도 사라지고 모든 게 사라졌다. 아빠도, 엄마도, 애도 역시 사라졌다. 더 이상 먹을 게 없다. 돼지도 없고 옥수수도 없으며 더 이상 갈아엎을 게 없으며 꼴이 없으니 망아지도 살 수 없다.

인디언은 땅을 갈아엎지 않는다. 조물주가 풀을 나게 하고 들소는 풀을 뜯는다. 인디언은 들소를 잡아먹고 엉덩이 가죽으로 집을 짓고 신발도 만든다. 인디언은 땅에 단을 만들지 않는다. 늘 먹기만 하면 된다. 일자리를 구할 필요도 없고 차를 태워 달라 애걸할 필요도 없다. 구조를 요청할 필요도 없고 돼지를 잡을 필요도 없다. 거대한 댐을 만들지 않으니 신의 저주도 받지 않는다. 인디언은 버리는 게 없고 일을 하지 않는다. 그러니 백인들은 미쳤다.

<테네시 보전가> 1962년 1월호에 실린
'땅의 윤리'에 대해 100단어로 가장 잘 묘사한 인디언 글

Land Ethic

White man crazy. Cut down trees. Make big tepee. Plow hill. Water wash. Wind blow soil. Grass gone. Door gone. Windows gone. Whole place gone. Buck gone. Squaw gone. Papoose too. No chuck away[food]. No pigs, no corn. No plow. No hay. No pony. Indian no plow land. Great Spirit make grass. Buffalo eat grass. Indian eat Buffalo. Hide make tepee; make moccasin. Indian no make terrace. All time eat. No hunt job. No hitch-hike. No ask relief. No shoot pig. No build dam. No give damn. Indian waste nothing. Indian not work. White man crazy

from Tennessee Conservationist, January 1962.
The best 100-word description for 'land ethic' by an Indian

1

에너지절약
Saves Energy Use

인류의 문명은 에너지원에 의해 발전되고 있는데, 목재[연장]에서 석탄[기계] 사용으로 에너지원이 바뀐 1차 산업혁명은 석탄탄광 갱도 내 배수를 위한 양수펌프를 1693년에 발명한 토마스 세이버리 (Thomas Savery, 1650~1715)와 1775년에 영국의 기계수리공 제임스 와트(James Watt, 1736~1819)가 석탄운반을 위한 증기기관을 발명하면서 시작되었으며 본격적인 산업사회에 진입했다.

이어 1865년부터 1900년 무렵까지 일어난 2차 산업혁명은 유전개발과 원자력 에너지를 이용한 화학, 전기, 석유 및 철강분야에서 기술혁신을 일으키며 시작되었다. 석탄이나 석유 같은 화석연료는 공해유발에 따른 기후변화를 초래하여 하나밖에 없는 지구에서 인류의 생존을 위협하고 있고, 원자력은 무공해 에너지라 하지만 만에 하나라도 사고가 나면 걷잡을 수 없는 대재앙을 초래할 수 있기 때문에 에너지원에 대한 걱정이 고조되고 있었다.

다행히 20세기 후반에 들어서면서 태양열, 풍력, 수소 등 신재생 에너지가 개발되고 있어 2050년까지는 적어도 전체 에너지의 40%를 신재생 에너지가 담당하고 2100년이 되면 화석연료를 전혀 사용하지 않아도 될 거라는 청사진을 내놓으며 3차 산업혁명에 이어 4차 산업혁명에 접어들고 있다.

에너지 사용은 산업체와 국민들 일상생활 분으로 나눌 수 있는데 산업체에서는 에너지절약형 기계개발이 필수적이고 일상생활에서는 개개인들의 절약과 에너지절약형 생활환경 조성이 요구된다 하겠다. 일상생활 환경에서 직면하는 기후는 온도, 습도, 바람, 눈비, 일조량으로 구성되며, 수평적으로 수백km, 수직적으로도 수백km에 걸쳐 나타나는 국지 기후인 대기후(macro-climate)와 지구 지표면의 영향에 의하여 지표 부근에서 부분적으로 형성되는 미기후(micro-climate)로 나누고 있다.

각 나라는 인간의 힘으로 바꿀 수 없는 대기후에는 적응하며 삶의 근간인 의식주 문화를 발전시켜 왔기 때문에 각 나라의 전통 의식주 문화는 그 나라에 최적화된 지혜의 결정체라 할 수 있어 소중한 인류의 자산이다. 반면 국부적으로 나타나는 미기후는 인공적으로 개선시킬 수 있어 근래 식물이 미기후를 조절하는 기능에 대해 다양한 연구가 활발히 진행되고 있다.

활동하기에 쾌적한 기후가 조성되면 건강에 좋고 작업능률도 향상되지만, 각 나라마다 처한 위치에 따라 쾌적한 기후대(comfort zone)가 다르다. 우리나라에서는 20℃ 전후 온도, 50% 전후 습도, 따스한

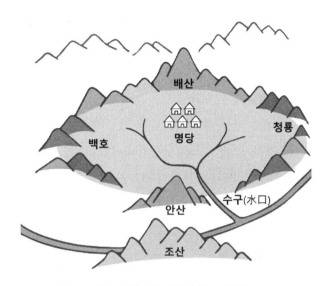

풍수지리에 의한 장풍득수(삽도; 심현남)

혹서를 피할 수 있는 누마루와 대청: 창덕궁 낙선재

■

햇볕이 쬐고 산들바람이 불면 지내기에 쾌적한 기후라고 할 수 있다. 그러나 봄, 가을은 꽃과 단풍으로 아름답고 쾌적한 반면 여름에는 뜨거운 뙤약볕, 겨울에는 엄동설한 때문에 한국인은 어느 민족보다 역동적인 삶을 살고 있다.

이러한 기후에서 연중 쾌적하게 살아가려면 실내외에 많은 에너지가 소요되겠지만, 옛 선인들은 산수가 좋고[山高水麗] 찬바람을 잠재우며 물을 얻을 수 있는[藏風得水] 좌청룡 우백호 북현무 남주작의 사신사(四神砂)에 둘러싸인 동남향의 명당자리[背山臨水] 터를 찾았다. 겨울의 북서풍 혹한은 뒷산이 막아주고 여름의 혹서는 마을 앞의 시냇물을 거쳐 불어오는 시원한 남동풍을 끌어들이는 미기후 조절법을 터득하고 살아왔다.

또한 전통주택은 온돌방과 대청마루를 겸비해 겨울에는 뜨뜻한 구들장 방에서 지내고, 여름에는 빈 흙마당을 두어 마당의 달구어진 열과 뒷산의 시원한 온도가 밤낮으로 교류하며 대청마루 밑을 통과하게 함으로써 여름을 시원하게 지낼 수 있는 지혜도 터득했다.

그러나 산업사회가 되면서 더 나은 일터를 찾기 위해 농촌을 떠난 인구가 도시에 몰려들게 됨에 따라 한정된 도시의 땅값은 크게 올랐다. 소위 명당자리만을 고집할 형편이 못되어 차선책을 강구할 수밖에 없는 상황에서 지형지세를 이용해 미기후를 조절했던 과거와는 달리, 집의 북서쪽에 늘푸른 큰 나무(常綠喬木)와 작은 나무(灌木)를 수직·수평적으로 빽빽이 심는 방풍림(防風林)을 조성하여 겨울 찬바람을 막아주고 여름에는 뜨거운 서향볕을 가려주는 낙엽녹음수를 심어 미기후를 조절할 수 있다.

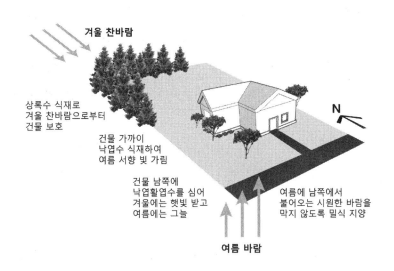

겨울 찬바람

상록수 식재로
겨울 찬바람으로부터
건물 보호

건물 가까이
낙엽수 식재하여
여름 서향 빛 가림

건물 남쪽에
낙엽활엽수를 심어
겨울에는 햇빛 받고
여름에는 그늘

N

여름에 남쪽에서
불어오는 시원한 바람을
막지 않도록 밀식 지양

여름 바람

식재를 통한 미기후 조절(삽도; 심현남)

겨울 찬바람을 막아주고 여름을 시원하게 해주는 중부 이남 집 뒤 대나무밭

여기서 주의해야 할 점은 건물 가까이에 큰 나무를 식재하면 강풍에 수목이 쓰러지거나 가지가 부러져 건물에 피해를 입힐 수 있을 뿐만 아니라, 방안의 습도를 높여 목조주택은 부식이 발생될 수 있다. 때문에 건물로부터 최대 나무높이(最大樹高)만큼 떨어져 심어야 한다. 중부 이남에서는 집 주변에 대나무숲을 조성하여 겨울에는 찬바람을 막고 여름에는 대나무의 차가운 성질로 시원한 환경을 조성하는 지혜를 보이고 있다. 방풍림을 너무 빽빽이 식재하면 돌풍 현상이 발생되기 때문에 6, 70% 밀도로 식재하여 바람의 속도를 75~85% 줄여 주도록 한다.

그러나 신도시의 대부분 아파트단지를 허허벌판에 짓고 있을 뿐만 아니라 비옥한 절대농지에 건설비 절감 명목으로 무책임하게 도시를 조성하고 있는데 국토의 효율적인 이용면에서 큰 잘못을 저지르고 있는 것이다. 더구나 아파트 단지 북서쪽에 상록수로 방풍림을 조성해야 하는 상식을 지켜주는 곳은 찾아 볼 수 없다.

반면 허허벌판에 건물을 짓고 에너지를 절약하기 위하여 실내를 밀폐시킴으로써 실내장식된 각종 화학제품으로부터 발생되는 유해가스가 건강을 크게 해치는 새집증후군(new house syndrom)이 초래하고 있는 실정이며, 근래 국민들이 염려하는 미세먼지보다 오염된 실내공기가 더 건강을 해치고 있다[6. 오염공기정화에서 자세히 다룸].

뿐만 아니라 도시는 콘크리트, 석재, 유리 등의 인공자재로 조성된 구조물과 인공지반으로 건설되고 있는데 이런 인공적인 환경은 생활하기에 쾌적하지 못할 뿐만 아니라 많은 에너지 소비가 발생해 에너지 절약형 도시환경을 위해 인공지반의 녹화는 대단히 중요한

중량형 옥상녹화; 영국 켄싱톤 빌딩 옥상

절충형 옥상녹화; 스위스 바젤시

대안으로 강조되고 있다.

　첫째로 들 수 있는 인공지반녹화는 옥상녹화로 옥상 밑층의 건물 내부 온도를 3~4℃ 낮추어 줌으로써 에너지 사용을 크게 줄일 수 있는데 일본 연구보고서에 의하면 일본 도시옥상만 녹화해도 원자력발전소 25기와 맘먹는 에너지를 절약할 수 있다는 것이다. 뿐만 아니라 삭막한 도시경관 개선, 생물서식지, 도시홍수 예방, 도시농업, 공동체의 장 등 다양한 용도로 사용할 수 있기 때문에 옥상녹화는 도시환경개선에 최상의 대안이다.

　옥상녹화는 평지 식재와는 다른 여건이기 때문에 전문성이 요구되며 건물 상태와 옥상 공간의 용도에 따라 맞게 조성되어야 하는데 평지 정원같이 다목적으로 이용하려면 나무를 많이 심거나 시설물을 배치해야 되는데 이에 따른 무게[고정·이동·바람·눈 하중], 누수, 안전문제 등이 발생되기 때문에 중량형 옥상녹화는 전문가와 상의가 필요하고, 이용하지 않고 옥상 위에 2,30cm 흙을 깔고 풀만 심어 미기후 조절, 야생동물서식, 도시홍수 예방, 도시경관용 경량형 옥상녹화와 도시농업을 하거나 간단한 이용목적의 절충형 옥상녹화로 나눌 수 있어 형편에 따라 선택하면 될 것이다.

　옥상뿐만 아니라 벽면녹화도 수직정원(vertical garden)으로서 방풍, 복사열 차단 등 미기후 조절뿐만 아니라 소음 흡음, 도시경관 개선, 건물수명 연장, 생물서식환경 등에도 효과가 크기 때문에 다양한 벽면녹화 기술이 개발되고 있으며, 방음벽도 종래에는 콘크리트 구조물이어서 흉물이었지만 근래 미관도 고려하며 덩굴식물을 올리고 있어 도시환경개선에 일조를 하고 있다.

경량형 옥상녹화: 스위스 쯔리히대 자연계 캠퍼스

벽면녹화(수직정원); 일본 동경시내

또 보행로에 보도블록을 부설하는데 가급적 투수포장을 하고, 식
생포장을 함으로써 복사열을 줄이고 투수율을 높여 도시지하수 충
진 및 도시홍수 예방에도 기여하며 도시환경개선에 크게 기여할 수
있다. 도시의 대부분 면적이 인공지반으로 조성되어 있어 삭막하기
그지없고 건물실내 냉난방조절로 많은 에너지 사용과 그에 따른 공
해배출이 따르기 때문에 대안으로써 인공지반 녹화는 더욱 장려되
고 투자해야 할 부분이다.

2
지구온난화 방지
Solves Global Warming

지구온난화는 지표 부근의 기온이 장기적으로 상승하는 현상을 말하며 지구온난화로 인해 가뭄, 홍수, 폭설, 이상난동, 한파 등 기상이변 등이 발생함에 따라 인류뿐만 아니라 생태계에 지대한 영향을 끼치고 있어 국제적 대처방안을 강구 중에 있다. 지구온난화에 대한 최초의 언급은 1972년에 간행된 로마클럽 보고서이며 그 후 1985년 세계기상기구(WMO, World Meteorological Organization)와 국제연합 환경계획(UNEP, United Nations Environment Programme)에서 이산화탄소 증가가 온난화의 주범이라고 주장하며 20세기 후반부터 과학자들의 화두가 되고 있다.

지구온난화 현상의 주원인은 온실가스가 증가하는데 있다고 볼 수 있는데 산업에서 화석연료를 많이 사용한 반면 숲이 파괴되어 온실효과의 영향이 커졌던 것이다. 2015년 12월 파리에서 개최된 유엔

기후변화회의에서 채택된 파리협약은 산업화 이후 지구의 대기온도 상승 폭을 2℃ 아래로 묶어두는 것을 목표로 하고 있다. 2015년 기준 세계 각국의 온실가스 배출비중을 보면 중국이 29.4%로 가장 높고, 미국 14.3%, 유럽 9.8%, 인도 6.8%, 러시아 4.9%, 일본 3.5%, 기타 31.5%를 나타내고 있어 지구온난화는 지속되고 있다. 지구온난화로 인해 발생되는 재해는 북극의 빙하가 녹아내림으로써 해수면 상승으로 해안가 해발 2m 이내의 저지대나 섬들이 침수되는 재해가 발생되고 있다. 또한 이상기후 현상이 발생되고 있는 가운데 이란에 폭설이 130cm 이상 쏟아지기도 하고 난대기후인 대만에 한파가 닥쳐 많은 사람이 동사하는 등 지구온난화로 하여금 많은 피해가 발생하고 있다.

녹색순찰대(Green Patriot Working Group)는 『지구온난화를 막는 간단한 50가지 방법(50 Simple Steps to Save the Earth from Global Warming, 2008)』에서 일상생활에서 실천하기 쉬운 50가지를 제시하고 있는데 채식하기, 유기농 식품구매, 지역에서 재배한 식품구매, 유기농 의류 착용, 옥상정원 조성, 천연건축자재 사용, 녹색에너지 구매, 수목식재 등 식물이 지구온난화를 방지하는데 큰 역할을 할 수 있다고 강조하고 있다.

우리가 지구온난화 방지에 쉽게 동참할 수 있는 방안은 가급적 수입농산물을 구매하지 않는 것인데 요즘 관심이 커지고 있는 도시농업도 주목적이 먹거리의 자급자족이고, 수입농산물 운송과정에서 엄청난 화석연료를 사용하게 됨에 따라 지구온난화의 주범이 되고 있기 때문에 먹거리 운반거리(food milage)가 짧은 지역 농산물을

옥상녹화로 온난화 방지; 스위스 쭈리히대 자연계 캠퍼스

지하 도로 위에 조성된 생태못; 스위스 쭈리히대 자연계 캠퍼스

이용함으로써 지구온난화 방지에 동참할 수 있고 지역 농산물을 애용으로써 신선한 먹거리를 취할 수 있기 때문이다.

　뿐만 아니라 수입농산물은 우리 몸에 잘 맞지 않기 때문에『동의보감(東醫寶鑑)』에 '신토불이(身土不二)'라는 지혜를 언급했고, 옛 우리 선인들도 백리 밖의 먹거리는 몸에 맞지 않기 때문에 가급적 먹지 않았음에 주목해야 할 것이다.

　지구온난화를 방지하기 위해서는 에너지사용량을 줄이는 것이 가장 시급한 실천방안인데 비닐제품 등 쓰레기를 줄이고 대중교통을 이용하는 것도 동참의 방법이며, 열섬현상을 발생시키는 인공구조물 면적을 가급적 줄이고 식물은 광합성작용을 하면서 산소를 배출하고 탄산가스를 흡수함으로써 지구온난화를 크게 줄일 수 있기 때문에 도시내 녹지면적을 가급적 많이 확보함이 중요하다 하겠다.

3

열섬 축소
Reduces Urban Heat Island

도시에서는 많은 에너지를 사용한 반면 녹지가 축소됨으로써 소위 열섬(urban heat island)이 형성되어 근교지역보다 4~5℃가 높아 쾌적한 생활환경을 저해하고 많은 에너지 사용을 초래하고 있다. 열섬이 생기는 가장 큰 원인은 공장에서 배출되는 매연, 자동차의 배기가스, 냉·난방기 가동에 의한 인공열의 발산과 아스팔트, 콘크리트 면적 확대로 인한 지표면의 보온효과 그리고 녹지축소 등에서 원인을 찾아 볼 수 있다.

열섬에 의해 도시 상공은 비닐하우스에 둘러싸인 것 같아 온실효과(green-house effect)도 발생하고, 도심 상공에는 오염물질이 흩어지지 않고 머물게 되어 먼지 돔(urban dust dome)이 형성되기도 하며, 여름에 해가 진 뒤에도 온도가 떨어지지 않는 열대야(tropical night)를 겪고 있다.

　최근 국립환경과학원이 발표한 자료를 보면 도시내 공원이나 산이 있는 지역이 녹지가 부족한 지역에 비해 여름 길이가 최대 57일 차이를 보인다고 한다. 수원시청의 경우 녹지비율이 92.7%인데 봄 62일, 여름 157일, 가을 48일, 겨울 98일이었는데, 녹지비율이 93%로 가장 높은 상광교동(백운산 인접)은 봄 93일, 여름 100일, 가을 62일, 겨울 110일로 나타나 무더운 여름이 57일이나 긴 결과가 나왔다. 이는 도시녹지가 숲의 증산작용, 그늘조성 등 도시 열을 식혀줌으로써 열섬을 축소시켜준다는 결과가 입증되고 있는 셈이다.

　이러한 열섬을 줄이는 대책은 에너지 사용을 줄이는 게 상책이지만 저영향개발(LID, low impact development)기법을 도입하고 녹지를 확보하여 그늘을 조성하고 식물의 증산작용에 의해 온도를 낮추는 방안도 강구해야 한다. 특히 도시의 대부분 면적을 차지하고 있는 콘크리트 옥상이나 아스팔트 포장, 콘크리트 담장 등 인공지반을 녹화하여 복사열을 줄여 줌으로써 열섬을 축소시킬 수 있다.

경량형 옥상녹화는 열섬 줄이는 큰 대안: 스위스 쭈리히대

벽면녹화: 일본

벽면녹화; 스위스 로잔

숲 속의 도시; 오스트렐리아 멜보른

4
찬바람 방풍
Breaks Chilly Wind

우리나라 겨울의 추위는 혹독하기 때문에 야외활동이 힘든데 찬바람이 불면 체감온도가 크게 떨어져 더욱 추위를 느낀다. 실제 체감온도(體感溫度, wind chill, sensory temperature, sensible temperature, body temperature, heat index)는 덥거나 춥다고 느끼는 정도를 계산해 숫자로 나타낸 온도를 의미하는데 온도계를 이용해 측정하는 객관적인 온도 '기온'과 다른 의미다.

체감온도는 환경이나 사람에 따라 달라질 수 있기 때문에 계산법도 다양하다. 현재 우리나라 기상청에서 사용하고 체감온도 계산법은 2001년 캐나다와 미국에서 만든 'JAG/IT' 모델이다. 체감온도를 측정하는 데에는 기온과 풍속·습도·일사 등 기상요인이 종합적으로 필요한데 같은 −10℃라도 풍속이 시간당 5km일 때는 −13℃지만 시간당 30km의 바람이 불 때는 체감온도가 −20℃까지 떨어진

다. 기상청에서 사용하는 체감온도 산정 공식은 13.12+0.6215×T−
11.37V0.16+0.3965V 0.16×T로 여기서 T는 기온, V는 지상 10m의
풍속을 말한다.

　골바람, 산바람, 들바람, 강바람, 바다바람 등 다양한 형태로 찬
바람이 불어오는데 이런 바람에 현명하게 대체할 수 있는 방안이
지향지세를 이용하기도 했지만 방풍림을 조성해 왔다. 골바람, 산
바람을 잠재우기 위해 남쪽에서는 마을 뒤편에 대나무숲을 조성했
고, 강바람을 막기 위해 둑에 줄나무를 심었으며, 바닷가 어촌사람
들은 바다에서 불어오는 찬바람을 막기 위해서는 방풍림을 조성해
방풍과 더불어 그늘을 만들어 고기를 유인하는 어부림(魚付林)을 조
성해 왔다.

　바닷가 바람은 염분을 포함한 조풍(潮風)이 불어오기 때문에 염
분에 강한 나무를 심어야 하며, 우리나라 해안가 방풍림의 주 수종
은 곰솔(海松. 黑松, *Pinus thunbergii*)로 염분에 매우 강하고 상록수
이기 때문에 주로 식재되었고 곰솔 밑에 중층을 구성하는 수목은
팽나무, 자귀나무, 동백나무 등, 하목으로는 사스레피나무, 사철나
무, 해당화, 찔레나무, 호랑가시나무, 예덕나무, 보리장나무, 돈나무
등이 짝을 이루어 자라고 있다.

바닷가 방풍림(어부림); 전남 완도군 보길면 예송리 해변 상록수림(천연기념물 제40호)

설악산 신흥사 계곡바람을 막기 위한 전나무

집 뒤 대나무숲은 좋은 방풍림

5

시원한 그늘 제공
Supplies Cool Shade

사계절이 뚜렷한 우리나라는 봄. 가을은 지상낙원이지만 여름 혹서 (酷暑)와 겨울 혹한(酷寒)은 한국을 찾는 외국인들을 당혹해 하는 날 씨를 보이고 있다. 여름철 뙤약볕은 야외생활이나 보행을 어렵게 하 고 있는데 녹음수를 많이 심어 해결방안을 강구해야 한다.

 각 나라의 전통문화는 그 나라에 기후와 밀접하게 관련되어 발 전되고 있음은 주지의 사실인데 우리나라 전통정원에서는 잔디밭을 조성하지 않았고 대부분 낙엽활엽수를 심어 한국기후에 맞는 정원 문화로 발전시켜 왔다. 근래 서양식 조경이 도입된 이래 잔디밭 조성 이 크게 유행하고 있는데 이는 우리나라 기후를 고려하지 않는 사 례로 볼 수 있다. 우리나라 전통정원에는 잔디밭을 조성하지 않았 음을 가장 잘 보여준 사례가 창덕궁과 창경궁을 1830년경 조감도식 으로 그린 〈동궐도(東闕圖)〉에서 잘 보여주고 있다.

남쪽집 뒤편에 대나무밭 조성

동궐도(국보 제249호, 고려대학교 박물관)

유럽에서의 일광욕을 통한 피부관리; 노르웨이 토론헤임

적합하지 못한 서울 대학로의 소나무 가로수

마을 입구 정자나무는 동신목이며 주민들 쉼터

또한 외국에서 보는 농촌의 넓은 초원은 잔디밭이 아니고 가축을
방목하는 목초지로 그 곳에 가면 가축의 배설물 냄새와 배설물이
범벅이 되어 있어 사진과는 다른 상황이며, 영국같이 한 달에 햇볕
쪼이는 기간이 10시간도 안 되는 경우도 있어 피부관리를 위해 일광
욕(sun bath)을 필수적으로 해야 하는 나라에서는 공원녹지에 넓은
잔디밭을 확보하기도 하지만 우리나라에서 여름에 일광욕을 한다는
것은 상상하기 힘들고 그늘 밑을 찾을 수밖에 없는 날씨다.

그늘이 가장 필요한 곳은 보도인데 가로수가 잘 조성된 곳은 쾌
적하게 걸을 수 있지만 뙤약볕에 노출되는 보행로를 여름에 걷는 것
은 매우 견디기 힘든 상황이고, 여름에는 시원한 그늘을 제공해야
하지만 겨울에는 따뜻한 햇볕을 쪼여야 하기 때문에 녹음수는 상
록수가 아닌 낙엽수를 심어야 함에도 소나무 가로수를 심고 있는
실정이다.

마을 입구에 식재된 정자나무[주로 느티나무]는 마을 남정네들의
휴식공간을 제공했고 몇 백 년 된 큰 정자나무는 외국인들도 가장
부러워하는 한국적 경관으로 특히 느티나무의 웅장한 모습과 아름
다운 단풍은 독특한 랜드마크 역할을 하며 가관이다. 이 느티나무,
팽나무, 느릅나무 등 정자나무가 여름에는 시원한 그늘과 매미소리
를 제공하고 정월에는 마을을 수호하는 신이 거처한다는 동신목(洞
神木)으로 동신제를 모시며 사랑을 받고 있다.

제주도 올레입구 팽나무 그늘

전남 담양 관방제는 그늘 제공과 홍수예방

숲 터널은 시원한 그늘; 내장사 입구

그늘 제공을 위한 퍼걸라(pergola); 영국 큐가든

6

오염공기 정화
Improves Air Quality

대기 중의 먼지와 유해가스가 건강을 크게 해치고 있는데 대기 중 먼지 발생의 주요 원인은 산업체나 자동차의 화석연료 사용과 도시의 건조한 대기 때문임으로 화석연료 사용을 줄이고 습도를 높여주는 방안을 강구해야 되는데, 녹지의 증산작용을 통해 습도를 높이는 방안이 저비용으로 부작용 없이 가능한데 여름에 녹지 1헥타르가 하루 17,000리터의 물을 대기 중으로 증산하고 있으니 건조한 도시의 습도를 높일 수 있다.

대기 중에 각종 기계로부터 배출되는 유해가스는 먼지보다 건강을 더 해치게 되는데 식물은 유해가스를 흡수하고 산소를 배출하는 호흡작용을 통해 공기를 정화시키는 중요한 역할을 해 주고 있다. 엽록체를 가진 녹색식물은 공기 중에서 흡수한 이산화탄소와 뿌리에서 흡수한 물, 그리고 태양에너지를 이용하여 탄수화물을 만들며

성장하게 되는데 180g의 탄수화물을 합성하면서 96g의 산소를 배출하여 신선한 공기를 제공한다.

　가로수를 잘 식재해도 가로수가 있는 거리는 공기 1리터당 먼지 3,000입자가 떠도는 반면 가로수가 없는 거리는 12,000입자가 부유한다는 보고가 있다. 식물이 먼지를 흡수할 수 있는 것이 아니라 미세한 먼지가 식물표면의 끈적끈적한 액체에 부착되어 있다가 비가 오면 씻겨 하수구로 흘러감으로써 먼지를 제거할 수 있는 것이다.

　아마존강 유역의 열대우림지대를 지구의 허파라 부르고 도시의 허파는 공원녹지인데 산업혁명을 맨 먼저 일으킨 영국은 산업재해의 피해를 가장 먼저 받았고 유명한 런던 스모그 사건이 1952년 12월 발생해 12,000여 명의 생명을 앗아갔는데, 석탄을 떼는 수십만 개의 굴뚝에서 뿜어내는 연기와 아황산가스가 대기로 빠져나가지 못하고 안개와 뒤섞인 스모그가 발생하여 한치 앞을 분간할 수 없게 어두워져 통행조차 할 수 없게 되었고, 저항력이 약한 유아나 노약자들이 기관지와 호흡기질환, 폐렴으로 죽어갔던 것이다. 이후 시민들은 화석연료의 피해를 실감하고 신선한 공기를 유지하기 위해선 녹지의 필요함을 절감하고 런던 시내에 있는 1,420,000㎡의 하이드 공원(Hyde Park)은 '런던의 허파(Lung of London)'라 부르고 있다.

　현대 도시인들은 하루의 80% 이상을 실내에서 보내고 있으며 실내에서 들이마시는 공기량은 53% 가량으로 실내공기의 질은 건강에 절대적으로 중요한데 대부분의 건물은 시멘트, 철강, 합성수지, 유리 등 인공재료로 축조되어 다양한 유해화학물질이 배출되고 있어 실내 공기정화와 습도조절은 건강을 위해 중요한 과제가 되고 있다.

실내공기 오염에 관한 연구는 장기간 우주선 속에서 생활해야 하는 우주인들의 건강을 위하여 본격적으로 연구하기 시작했으며 미국 항공우주국(NASA)이 우주선 내에서 공기정화능력이 좋은 식물을 선정하기 위해 1984년부터 연구하기 시작한 후 미국조경가협회의 도움을 받아 50여 가지 식물을 실험한 결과 포름알데히드, 벤젠, 일산화탄소 등의 공기정화능력이 뛰어난 10가지의 식물[식물명, 학명, 영명 순, 자료마다 약간의 차이가 있음]을 1989년 9월15일 발표했는데 다음과 같은 식물이 선정된 바 있다.

대나무야자(*Chamaedorea sefritzii*, bamboo palm), 아글레오네마(*Aglaonema* spp., Chinese evergreen), 아이비(*Hedera helix*, English ivy), 드라세나(*Dracaena deremendis* 'Wanecki'), 드라세나 마지나타(*Dracaena marginata*, Red edged Dracena), 산세베리아(*Sanseveria trifascita*, Mother-in-law's tongue), 스파티필름(*Spathiphyllum* 'Mauna Loa', Peace lily), 스킨답서스(*Epipirenum aureum*, Golden pothos), 클로로피텀(*Chlorophytum comosum*, green spider plant, 아레카야자(*Areca* spp., Areca palm)

국내 농촌진흥청에서 연구된 자료에 의하면 새집증후군의 증상으로 어지러움증, 구토, 눈물, 아토피성 피부염, 천식, 비염 등이 나타나고 있으며, 양치류(고비, 부처손, 넉줄고사리 순)가 휘발성 유기화합물 제거 효과가 가장 우수했으며, 그 다음이 허브류(라벤다, 제라니움, 로즈마리, 애플민트, 자스민 순), 그리고 관엽식물(구아바, 관음죽, 멕시코소철, 접란, 디펜바키아 순)로 나타났다.

오염물질을 제거하는 대표적 식물은 암모니아-관음죽, 파키라,

런던의 허파(Lung of London): 하이드 파크

■

이산화탄소-스파티필럼, 포름알데히드-보스톤 고사리, 포트멈 국
화, 아세톤-스파티필럼, 벤젠-아이비, 거베라로 연구되었으며, 20
제곱미터 크기의 실내에 포름알데히드 10% 감소시키는 화분 수는
100cm 이상으로 큰 것은 3.6개, 30~100cm 중간은 7.2개, 30cm의 작
은 것은 10.8개로 평균적으로 1평당 1개 정도였다.

휘발성 유기화합물 제거 효과가 가장 우수한 양치류(사진:이영선)

새집증후군을 없애는데 좋은 라벤다 및 제라늄(사진: 이영선)

오염물질 제거능력이 큰 스파티필럼과 관음죽(사진: 이영선)

실내조경(사진: 이영선)

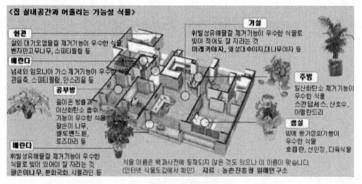

기능성에 따른 생활공간별 식물배치(자료; 이영선)

7
향기배출
Touches Olfactory

식물은 각각의 향기를 뿜고 있으며 자연 숲속에 들어가면 다양한
자연의 향기를 맛볼 수 있다. 모든 식물은 꽃을 피우며 꽃향기뿐만
아니라 잎이나 낙엽, 줄기에서도 향기를 제공하는데 가장 아름다
운 꽃향기는 꽃치자(*Gardenia jasminoides*) 향기로 알려지고 있고, 장
미유(rose oil)는 다마스크 장미(*Rosa damascena*)로부터 기름을 추출하
여 향수나 향료로 제조하여 고가의 상품으로 거래되고 있으며, 터
키가 늦게 불가리아 다마스크 장미를 들여와 현재는 장미향료 제품
70%를 생산하고 있는데 으스파르타라는 도시는 '장미오일의 도시'
로 대규모 장미오일 공장과 도시 전체가 장미오일제품 가게를 운영
하고 있으며, 불가리아는 장미유의 원조국이지만 20% 가량 시장을
점유하고 있고 국제장미축제를 대대적으로 개최하고 있으며, 세계
유일의 장미박물관을 운영하고 있다. 또한 식물로부터 배출된 향기

는 고대 이집트에서부터 질병치유에 이용되어 왔는데 향치유(aroma therapy, 31.원예치유 참고)가 있다.

가장 향기가 좋은 꽃치자
(*Gardenia jasminoides*)

가을에 꽃이 피며 향기가 좋은 금목서
(*Osmanthus fragnans*)

향을 피는 향나무
(*Juniperus chinensis*)

남부지방 바닷가에 자라며 향기 좋은 서향
(*Daphne odora*)

장미오일 70%를 생산하 터키 으스파르타시

유럽 상류층이 겨울 실내에서 오렌지꽃향기를 즐기기 위해 축조한 오렌저리(orangery);
독일 하노버 그로쎄 가르텐

장미오일(rose oil) 생산용 다마스크 장미(*Rosa damascena*); 불가리아 카잔라크시

카잔라크 시장실 입구의 장미오일 홍보

8
소음차음
Breaks Noisy Pollution

소음은 건강한 사람에게는 큰 문제가 안 되기 때문에 등한시 되는 경향이 있지만 노약자들에게는 치명적이며 위궤양, 심근경색, 고혈압, 청각장해, 작업능력저하 등 다양한 질병에 시달리게 함으로써 '보이지 않는 살인자'로 그 피해가 심각한 수준이다. 독일에서는 1995년 2,000여 명이 소음으로 사망했다는 보고가 있으며, 주택가에서 편하게 살아가려면 50dB 이하의 소음치가 유지되어야 함에도 보통 7~80dB을 넘어 심각한 소음공해로 대두되고 있다. 최근 서울 시내 초등학교에서도 소음을 측정한 결과 대부분 학교에서도 70dB이 넘는 심각한 조사결과가 나왔다.

도시 간선도로변에 건설되는 아파트의 소음문제를 해결하기 위해 도로로부터 20~30m를 후퇴하고 그 사이 방음식재공간을 조성하려 하고 있지만 이 비싼 공간의 역할을 인식하지 못하고 일반적인 경관식재를 하고 있음을 흔히 볼 수 있다. 이곳에는 상록수를 위주로 수직. 수평적으로 밀식을 하여 방음과 차폐기능을 도입해야 함에도 낙엽수를 드문드문 식재하거나 지하고(枝下高, 지면에서 나무 첫 가지까지의 높이)가 뻥 뚫린 사례를 많이 찾을 수 있고, 평지에 식재하기 보다는 흙을 쌓아 조산(造山, berm)을 하고 녹지를 조성하면 방음효과를 빨리 볼 수 있다.

소음을 막기 위해 좁은 공간에는 방음벽을 설치하기도 하나 미관을 고려해 투명한 방음벽을 설치함으로써 새들의 충돌사고가 많이 발생하고 있는데 2011년부터 2016년까지 조사보고서에 의하면 16,720마리가 충돌했는데 이 중 10,678마리는 생명을 잃었고, 129마리는 자연복귀 불가판정이 나왔다. 소음발생이 주로 도로 차량에서 발생하기 때문에 도로변에 20~30m 폭의 방음림을 조성하면 5dB을 줄일 수 있으며, 방음림은 방음뿐만 아니라 에너지 절약, 온난화 방지, 방풍, 공기정화, 완충기능 등 다양한 기능을 동시에 수행하기 때문에 가급적 인공 방음벽 구조물보다는 녹지를 조성하는 방안이 여러 효과를 얻을 수 있는 것이다.

일본 도로변 소음완충녹지

북경 시내 건물 앞 녹지대조성

북경공항에서 시내 진입 고속도로변 녹지

녹지에 의한 방음효과 측정

9

자연소리
Presents Soundscape

듣기 싫은 소음은 '보이지 않는 살인자라'는 별칭으로 노약자들에게는 다양한 질병을 유발시키는 반면 자연으로부터는 듣기 좋은 소리를 들을 수 있는데 이 소리는 일상에 방해가 되지 않고 넓은 음폭을 가지고 있어 귀에 익숙하며 마음을 편하게 해주고 심리적 안정감을 주며 긴장감을 풀어주는 백색소음(white noise)의 일종이다.

바람소리, 빗소리, 동물소리 등 듣기 좋은 다양한 자연의 소리를 즐길 수 있는데, 아름다운 악기소리나 성악도 있지만 개개인의 취향에 따라 달리 들리고, 다양한 기계음들은 익숙한 소리가 되지 못해 피로감을 유발시키는데 자연의 소리는 집중력을 향상시켜 주기 때문에 공부하는 학생들에게는 유익한 소리라 할 수 있다.

특히 동양 선비들은 자연소리를 즐겨 들으며 시를 쓰기도 했는데, 그 가운데 넓은 파초 잎에 떨어지는 소리를 즐겨 〈파초우(芭蕉雨)〉

시를 많이 썼고, 파초 잎에 떨어지는 빗소리를 듣기 위해 사랑채 옆
에 즐겨 심었다. 파초는 아름다운 빗소리를 듣기도 했지만 잎이 넓어
선비들이 붓글씨 연습을 했고, 불가에서는 달마대사에게 도를 전수
해달라는 혜가스님의 요청을 거절을 하자 팔을 잘라 던지는 굳은 결
심을 보이자 그 떨어진 팔뚝에서 파초가 탄생했다는 전설(斷臂求道,
상징성 참조)이 있어 사찰 선방 앞에 상징적으로 심고 있다.

　식물의 소리뿐만 아니라 아름다운 새소리도 듣게 되는데 새소리
가운데 아름다운 노래를 하는 새(song bird)를 집 가까이 유인하기 위
해 창문 밑에 새가 좋아하는 덤불을 조성하는데 영국에서는 섬개야
광나무류인 코토네아스터(Cotoneaster spp.)를 주로 심어 지빠귀과 블
랙버드(black bird)의 명금을 즐긴다.

　우리나라에서는 박새, 까치, 꾀꼬리, 딱따구리, 산솔새, 종달새,
직박구리, 흰배지빠귀 등 다양한 새소리를 들을 수 있는데 이 새들
을 가까이 끌어들이려면 야생동물이 들이 살아가는데 필요한 3대
요소인 물, 먹이(食餌, food), 집터(habitat) 중 식물이 먹이와 집터를 제
공해 준다. 새뿐만 아니라 귀뚜라미, 매미, 방울벌레, 여치, 철써기
등 다양한 곤충소리도 역시 식물이 있어야 가까이에서 들을 수 있
다. 그래서 새소리를 포함해 다양한 동물소리를 들을 수 없는 환경
은 죽은 환경이라 할 수 있다.

사랑채 옆 파초: 전남 장흥 위성탁 가옥(전남 시도문화재 제7호)

중국 정원에서 창 밖에 파초를 심고 파초우 감상

청진기를 이용해 수목의 수액이동 소리를 즐김: 영국 큐가든

창밑에 코토네아스터를 심어 명금 블랙버드 유인

10
토양보전
Conserves Soil

생태계의 바탕인 토양은 30cm 형성되는데 1,000년 소요되는 재생
불가한 자연자원(nonrenewable natural resource)이기 때문에 소중히 다
루어야 함에도 지표면을 덮고 있는 지구의 옷인 식생을 개발 사업으
로 무분별하게 훼손하고 과다방목(over grazing), 임산연료와 채취 등
으로 비·바람에 의해 엄청난 토양이 유실(water, wind erosion)되고 있
다. 특히 토양단면의 맨 상위 표토층은 유기물, 수분이 있어 미생물
이 서식하며 생태계의 하부층을 구성하는 분해자(decomposer) 역할
을 하며 생태계의 중요한 기반이 되고 식물의 터전이기 때문에 소중
히 다루어야 할 자연자원이다.

토양의 부적절한 관리로 사막화가 발생하고 있는데 사막화는 기
후변화의 자연적인 요인이 약 13%, 연료림채취, 과다방목, 무분별한
농경지 개발, 지하수 개발 등 인위적 요인이 약 87%를 차지하며, 한

■

정된 지표면은 사막화되고 인구는 지구의 수용력을 초과하고 있는 상태에서 지금같이 지구온난화가 지속되면 2050년에는 지구의 34% 가 사막이 되리라 예측되는 가운데 전 세계 인구의 최대 26%가 가 뭄과 기근 등으로 피해를 볼 것이라는 전망이다.

토양은행(soil bank) 제도는 토양 중에서 지표면을 형성하고 있는 표토(top soil)는 생태계의 기반으로 서식하고 있는 미생물이 분해자 역할을 하고 있으며, 수분, 양분, 공기를 함유하고 있는 귀중한 자연 자원으로 개발사업으로 인한 표토관리는 대단히 중요하며 장기간의 대형공사시 표토를 모아 타 현장에 빌려주고 공사가 끝나면 빌려 준 표토를 받아 조경식재용으로 활용하는 은행 같은 제도이지만 불행 히도 건설분야에서는 표토에 유기물이 있어 기피하는 토양이 된다.

난개발로 토양유실 초래

과다방목으로 사막화 초래: 몽골

임산연료 채취는 민둥산 원인(한국민족문화대백과사전, 1991)

사막녹화시 반추동물(양, 염소 등)로부터의 보호망(protector) 설치가 필수

11
홍수예방
Pretreats Flood

홍수는 일시적으로 강하게 쏟아지는 폭우가 낮은 지역으로 흘러들어 침수되므로 큰 피해를 발생시키는데 홍수를 예방하기 위해서는 산림녹화를 하여 나뭇가지를 타고 폭우가 서서히 흘러내리게 하여 저지대 집수시간을 지연시키고, 자연지반으로 하여금 빗물의 80% 이상이 투수되게 함으로써 홍수를 예방할 수 있다.

반면 도시홍수는 옥상, 포장 등 인공지반의 비투수성으로 단 시간 내에 저지대로 흘러드는 빗물로 발생되기 때문에 옥상녹화, 투수포장 등이 요구된다.

도시홍수를 예방하는 최상의 대책은 인공지반의 녹화에 있으며, 옥상녹화, 잔디블럭 등이 절대 필요하고 투수지반을 확보하도록 해야 한다.

경량형 옥상녹화는 도시 홍수예방에 최적

도시 홍수예방을 위한 투수포장

보행로는 가급적 흙 포장으로 투수: 영국 버큰헤드공원

12
지하수 충진
Recharges Ground-water

도시에서는 지하수를 과도하게 사용하며 재충진을 시키지 않고 있기 때문에 매년 지하수위가 내려가고 있으며, 지하수위가 떨어지기 때문에 분해자인 미생물서식환경이 파괴되어 도시 지하는 사막화가 발생되고 있을 뿐만 아니라 나무뿌리가 수분을 흡수할 수 없어 근계발달이 안 되므로 지상부와 지하부 비율(t/r, top to root)이 1:1이 안되어 강풍에 도복이 발생하기도 한다.

지하수 충진을 위해서는 지하수 사용을 통제하고 빗물이 투수되어 대수층에 재충진이 되도록 해야 하기 때문에 지면을 투수포장으로 바꿔야 한다.

포장면적을 최소화하고 투수시킴; 영국 버큰헤드공원

13
오염수질 정화
Purifies Polluted Water

수질오염의 원인은 생활하수(합성세제, 축산 오수, 화장실), 공장폐수, 기름유출, 폐광 독수, 산성비, 농경지 유출수 등에서 찾아 볼 수 있는데, 배출되는 경로나 장소가 명확한 생활하수, 공장폐수, 축산 폐수 같은 점오염과 도로, 논, 밭 등 토지에 있던 오염물질이나 비나 바람에 의해 하천으로 흘러 들어가 수질을 오염시키는 비점오염으로 구분된다.

수질오염 해결책은 최우선의 물절약이고 식물에 의한 수질정화 방법을 강구할 수 있다. 전통적으로 넓은 유수면적의 수질정화는 대규모 방죽을 조성하였는데 조선 3대 방죽으로 당진 합덕제, 연안 남대지, 김제 벽골제가 있었으며, 저지대에 물웅덩이를 조성하여 생활 폐수를 집수해 놓고 자연정화와 수질 정화식물(연, 부들, 미나리, 창포, 갈대, 버드나무 등)을 심어 수질을 정화시켰다.

조그만 집수면적의 수질정화는 조그만 방죽이나 주택 앞에 못을 파고 오지(汚池)라 하여 풍수지리적으로는 기가 빠져 나가지 못하게 하는 주된 기능(氣界水卽止)과 주작이 날아와 행운을 안긴다는 기대감을 담았고, 실질적으로는 생활폐수를 집수하여 정화시켰으며, 이곳에 연, 부들, 창포 등 수생식물을 심어 감상도 하는 다목적 웅덩이다.

오지(汚池): 전남 잔흥 위성탁 가옥 앞

잔디 수로(swale)를 조성하여 수질정화

논산 윤증 고택 앞 오지

낙안읍성의 방죽

유럽에도 마을 단위로 방죽 조성; 독일

폐수를 상지에서 정화시켜 하지로 방류; 스위스 쮸리히대

수질정화 연못; 동경 우에노(上野)공원 불인지(不忍池)

생활폐수를 식생수로로 순환시켜 정화; 불인지

14
생물다양성
Coexists Wildlife

생물다양성의 중요성은 생태계가 먹이사슬로 엮여져 각각의 생물이 중요한 역할을 하고 있기 때문에 다양한 생물이 서식하는 환경은 건강하며, 생물다양성은 산, 호수, 강, 습지, 사막, 산림 등 서식환경의 생태계 다양성, 생물종의 다양성, 종 내 유전자 변이의 다양성이 있는데 오늘날 지구상에는 이러한 생물의 종이 약 1,000만 종정도로 추정하고 있다.

이렇게 많은 종들은 생태계 속에서 에너지의 흐름을 유지하여 생태계가 마치 하나의 생명체처럼 운영되고 있으나 오늘날의 생물은 그 생활조건인 환경이 너무나 악화되고 또 많은 서식지가 파괴되고 있어 새로 출현하는 종보다 사라지는 종의 수가 훨씬 더 많아지고 있는데 거의 35년마다 2배로 증가하는 인구팽창과 자원소모에 따라 대기오염, 해양과 담수오염, 산림의 남벌, 도로와 주택건설 등에 의한 녹지감소 등이 급속히 진행되고 있고 특히 열대우림의 급속한 감소로 생물의 멸종이 가속화되고 있는 실정이다.

현재 지구상의 생물 가운데는 대략 곤충 75만 종, 척추동물 41만 종, 식물 25만 종 등 모두 140만 종이 기록되어 있으나 이것은 실제 존재하는 생물종 수의 1/10도 안 되는 것으로 예상되고 있으며, 지구상 생물종의 1/2 이상이 지구육지 면적의 6%에 불과한 열대다우림지방에 집중적으로 서식하고 있는데, 이 열대다우림이 매년 7만 6,000㎢씩 사라지고 있어서 지구생물은 현재 매일 50~100종씩 멸종되고 있다고 추산되고 있다.

1948년 10월 5일 결성된 세계자연보전연맹(IUCN, International Union for Conservation of Nature)은 현재 지구상의 식물 2만5,000여 종과 척추동물 1,000여 종(또는 아종)이 멸종위기에 있음을 강조하고 있으며, 1993년 12월29일 생물종다양성협약(UNCBD, United Nations Convention on Biological Diversity)을 제정하고, 5월 22일을 '생물다양성의 날'로 정하고 있다. 또한 세계자연기금(WWF, World Wide Fund for Nature)은 온실가스 배출 감축을 위한 전 세계적인 캠페인, 재생에너지 이용률 100% 달성을 위한 캠페인, 기후변화 영향평가 및 생물서식지 회복력을 위한 대책 및 멸종위기 동물 모니터링 프로젝트 및 보전활동을 활발히 전개하고 있다.

야생물(wildlife) 서식환경의 4대 요소인 물(water), 먹이(food), 서식지(habitat), 그리고 안전하게 산란할 수 있는 피난처(refugee)로 다양한 생물이 사는 곳은 건강한 환경이고, 다양한 생물이 살기 위해서는 이들 4대 조건이 갖추어 져야 한다. 특히 생태계에서 분해자

피난처(refugee) 섬으로 올라갈 수 있게 계단설치; 영국 생태공원

골재 채취장에 조성된 물새 공원; 영국 Pensthrope Water Fowl Park

(decomposer)와 소비자(consumer) 사이 결정적 연결(vital link)역할을 하는 생산자(producer)인 식물은 종이 다양하고 수평적·수직적으로 다양하게 분포되어야 한다.

조류서식을 위해 절두작업(bollarding)한 버들 숲

석탄폐광지에 조성된 철새도래지: 영국

다양한 서식환경이 다양한 생물서식

생물다양성 환경을 위한 부도: 일본

지하도로 위 생태 못; 스위스 쭈리히대 자연계 캠퍼스

휴경지에 비오톱 조성; 독일

묘지공원의 야생물 서식지; 노르웨이

생태공원: 영국(1987)

목장 내 비오톱 조성; 오스트렐리아

주택정원 내 비오톱 조성; 일본

버팔로 서식지; 미국 엘로우스톤 국립공원

15
오염토양 재생
Regenerates Brown-field

육지는 녹지(green-field), 개발된 토지(gray-field), 그리고 오염된 토지 (brown-field)로 구성되는데 우리나라의 대표적 오염토지는 도시 내 배치된 미군 부대 40여 개소와 5,000여 곳에 방치된 폐광산으로 재생이 시급한 275만㎡가 있으며, 기타 쓰레기 매립장 등이 있다.

이런 오염토지는 장기적인 계획 아래 토양을 재생시킨 후 개발함이 원칙이나 보이지 않는 지하인 관계로 무시하고 지상부만을 개발하고 있는 실정이다. 지하에 오염물질이 쌓여 있는 곳에 살게 되면 배출되는 유해가스로 건강을 해치기 때문에 미국에서는 brown-field법이 제정되어 원인 제공자가 재생시킨 후 매각하도록 되어 있는데 우리나라에서는 관련된 토양환경보전법이 있지만 구속력이 약하고 대부분 국가정책사업이기 때문에 형식적인 재생사업으로 끝나거나 유명무실한 상황이다.

오염토양을 재생하는 기술은 공기주입(air sparging), 생물정화
(bioremediation), 바이오벤팅(bioventing), 덮어씌우기(encapsulation), 파
내기(excavation), 소각(incineration), 토양경작(land farming), 자연저감
(natural attenuation), 투수성 반응벽체(permeable reactive barrier), 식물정
화(phytoremediation), 양수처리(pump and treat), 토양세척(soil washing),
토양증기 추출(soil vapor extraction), 열 탈착(heat desorption)기술은 상
황에 맞게 활용하여 완전정화(full cleanup), 부지 밖 부분정화(partial
cleanup, offsite), 부지 내 부분정화(partial cleanup, in place), 완전 감추기
(full concealment), 관입하지 않은 정화(nonintrusive cleanup)기술 중 선
택하여 시행할 수 있다.

그 중 부작용이 없이 토양을 재생시킬 수 있는 일반적인 방법이
식물정화기술(phytoremediation)이다. 오염토양에 식재하여 묻혀 있는
유해물질을 제거하는 방법으로 가장 친환경적 방법이며, 유해물질
에 따라 식물선정이 달라진다.

유독 광물질을 제거하는 데 능력이 뛰어난 식물

식물명	학명	영명	광물	참고문
아카시아	Acacia mangium	Black Wattle	Pb	Meeinkuirt, 2012
벤트그라스	Agrostis tenuis	Bentgras	As,Cu,Pb	Alvarenga, 2013
꽃양귀비	Eschscholzia california	California Poppy	Cu	Ulrikson, 2012
페스큐	Festuca rubra	Red Fescue	Zn,Cu,Ni	Lasat, 2000
무화과나무	Ficus goldmanii	Ficus	Cu,Zn,Pb	Cortes, 2012
후쿠시아	Fuschsia excorticate	Tree Fuschsia	As	Craw, 2007
용담	Gentiana pennelliana	Wiregrass Gentian	Pb,Cu,zn	Yoon, 2006

멕시코 향나무	*Juniperus flaccid*	Mecxican Juniper	Cu,Zn,Pb	Cortes, 2012
라이그라스	*Lolium* spp.	Ryegrass	Cu	Ulrikson, 2012
달맞이꽃	*Oenothera glazioviana*	Evening Primrose	Cu	Guo, 2013
흘름 참나무	*Quercus ilex*	Holm Oak	Cd	Dominguez,2009
시레네	*Silene paradoxa*	Silene	As,Cd,Co	Pignattelli, 2012
겨자	*Sinapis arvensis*	Wild Mustard	Zn,Cd,Pb	Perrino, 2013
밀	*Triticum aestivum*	Wheat	Ni	Massoura, 2005
가시금작화	*Ulex europaeus*	Gorse	As	Craw, 2007

자료; Kate Kennen and Niall Kirkwood(2015) Phyto, Routledge

다음 그림같이 미국 공군기지 내 오염된 토양을 재생시키기 위해 1988년 유칼립투스 388주를 식재한 바 2011년에 50%가 제거되고 2020년에 완전 제거되리라 예측하듯이 오염된 토양을 재생시키는데 30년의 세월이 소요된다. 그러나 오염된 토양은 반듯이 재생하여 지상부를 활용하여야 할 것이며 특히 우리나라 도시에 배치된 미군부대를 지방으로 이전하고 있는데 인수받을 때 오염된 토양을 재생시켜주는 조건으로 인수해야 할 것이다.

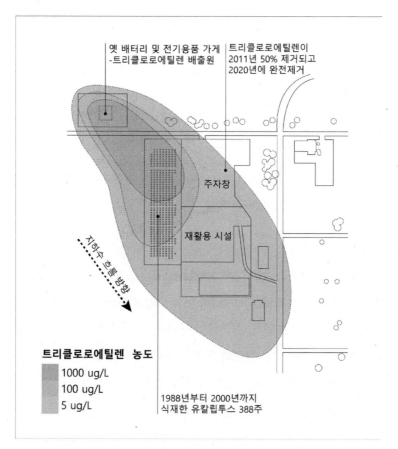

옛 배터리 및 전기용품 가게
-트리클로로에틸렌 배출원

트리클로로에틸렌이
2011년 50% 제거되고
2020년에 완전제거

주차창

재활용 시설

지하수의 흐름 방향

트리클로로에틸렌 농도

1000 ug/L
100 ug/L
5 ug/L

1988년부터 2000년까지
식재한 유칼립투스 388주

토양재생사업:미국 캘리포니아 페어필드 트라비스 공군기지
자료:Kate Kennen and Niall Kirkwood(2015) Phyto, Routledge

쓰레기 매립장에 건설된 뮌헨 올림픽 경기장(1972)

폐광산의 토양재생: 영국

난지도 생태공원의 측면도

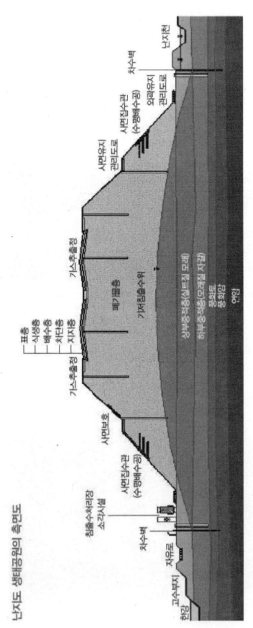

난지도 쓰레기 매립지 측면도(자료: http://www.seoulsolution.kr/ko/content)

16
자연환경 지표
Indicates Natural Status

식물은 살아있는 생명체이기 때문에 생육환경으로부터 스트레스를 받고 경중에 따라 건강상태가 나타나는데 인접 생물들로 받는 생물학 스트레스(biotic stress)와 물리적·화학적 환경으로 받는 비생물학적 스트레스(abiotic stress)가 있다. 스트레스를 받으면 바로 식물체에 영향이 나타나기 때문에 식물은 환경의 지표로써 중요한 역할을 하고 있다. 아황산가스·일산화탄소·분진 등의 공해 스트레스, 내건성·내습성·중성 등의 수분 스트레스, 양수·음수·중성의 햇볕 스트레스, 비옥·척박의 양분 스트레스, 산성·알카리성·중성의 토양화학적 스트레스 등으로 나눌 수 있다.

사례로 소나무를 들면 백목지장(百木之長)으로 불리며 동양에서 가장 귀하게 여기는 나무이고, 한국문화는 소나무와 닥나무 문화다 할 정도로 사랑받고 있으며, 해, 산, 물, 돌, 구름, 소나무, 불로초, 거북, 학, 사슴의 십장생(十長生)에 속하고, 주택목재, 전함 축조, 왕릉 주변 식재 등 국가적으로 보호받아 온 특별한 나무이지만 환경변화에 따라 머지않아 한반도에서 사라질 거라는 예측이 나오고 있다.

창덕궁·창경궁을 조감도식으로 그려 각 수목을 판별할 수 있을 정도로 세밀하게 그려 놓은 〈동궐도(東闕圖)〉(국보 제249호, 1830년경)를 보면 주수종이 소나무였으나 지금은 거의 사라졌다.

귀한 만큼 다양한 병충해에 시달리고 있는데 1950년대에는 솔나방이, 1960년대에는 솔잎혹파리, 잎떨림병 등이 돌아 수많은 소나무를 죽였고, 1988년 이후 돌기 시작한 재선충은 지금도 곳곳에서 소나무를 죽이고 있다. 게다가 소나무는 옮겨 심을 때나 기후가 변할 때도 병에 걸리는 경우가 많다. 그런데도 소나무가 좋다고 부적합한 자리에 심고 있어 많은 예산을 낭비하고 있다. 특히 공해가 심하고 그늘이 많은 도심지에 소나무를 가로수로 심는 것은 전시행정의 표본이다. 또 금강산 소나무가 죽어 가는데 산림청 진단결과는 가뭄 때문이라 하지만 금강산, 설악산 등 바위에 붙어 사는 수종이 소나무이고 건조에 가장 강한 수종인데 가뭄 때문에 죽고 있다는 진단은 잘못된 것이고 기후변화에 따른 수세약화로 한반도에서 사라지고 있는 것이다. 제주도 소나무가 재선충으로 대부분 죽어가고 있다.

식목일을 기하여 편백나무 조림도 문제가 되고 있는데 편백나무는 일본 원산으로 일본에서는 궁궐 및 신사를 짓는 귀한 수종으로 사랑받고 있지만 근래 국토 조림의 20~30%를 편백 단일수종으로 조림했고 꽃가루로 알레르기를 유발하고 있어 문제가 되고 있는데

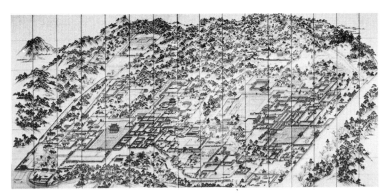

소나무가 주수종이었던 동궐; 동궐도

일본에서 약간 남은 후지산 중턱 소나무

일본 연구보고서에 항균성이 있는 피톤치드가 가장 많이 발생하는 수종이라고 알려지면서 우리나라에도 조림을 장려하고 삼림욕을 즐기는 추세인데 산림청에서 권장하는 경제수종으로 조림에 적당한지는 전문적으로 따져봐야 할 것이다. 외래수종을 경제수종으로 도입할 경우는 100년 가까이 적응시험을 거쳐 보급해야 하는데 시험도 거치지 않고 피톤치드가 많이 발생한다고 조림을 권장하는 것은 산림청의 역할이 아니며, 소나무가 편백보다 피톤치드가 4배 가량 더 발생한다는 연구결과도 있는데, 이러한 잘못된 연구결과는 재고되어야 한다.

또한 한국을 대표하는 수종으로 구상나무(*Abies koreana*, Korean fir)를 들 수 있는데 한라산 중턱에 군락으로 자생하고 지리산, 설악산 울릉도 성인봉 등 고산에 자생하고 있으며 수형이 아름다워 외국에서는 크리스마스트리로 가장 고가로 거래되는 수종인데 근래 한라산 구상나무가 원인모를 병으로 죽어가고 있는데 이는 기후변화에 따른 결과로 볼 수 있다.

따라서 각종 식물은 환경의 중요한 지표가 되고 있기 때문에 환경을 무시하고 수목이 좋다고 감상적으로 식재하는 일은 지양해야 하고 적지적수(適地適樹)가 되도록 전문적 지식이 요구되는 것이다.

도태되고 있는 한라산 구상나무 군락

잘 자라고 있는 하버드대 수목원 구상나무(2003)

바람이 강한 산 정상의 눈잣나무 군락; 설악산 대청-중청

청정하고 습한 지역에 자라는 이끼; 일본

17
경관조성
Ornaments Landscape

아름다운 정원의 주소재인 식물은 각 나라의 환경에 따라 사용하
는 종류가 다르고 식재방법도 다르다. 한국전통정원의 특징은 국토
가 금수강산이기 때문에 문을 열면 아름다운 산수가 전개되니 자연
경관을 빌려 쓰는 것[借景]으로 만족하고 좁은 뜰에는 장식적 식재
가 필요치 않아 실용적인 과수, 약초, 수심양성에 도움이 되는 상징
성이 있는 식물로 뜰을 꾸민 특징을 지녔다.

한편 서양은 사막으로부터 발전된 문명으로 꿈꾸는 이상향이 기
독교의 에덴의 동산이나 이슬람교의 극락(paradise)으로 성경이나 코
란경에 묘사된 이상향을 정원문화로 발전시켜 기하학적이며 인공적
인 장식정원을 가꾸어 왔다.

대청마루에서 차경: 병산서원

경승지에 누정을 축조하여 주변경관 감상

설경: 태백산 주목군락

매듭화단: 영국 세익스피어 고향(Strarford-upon-Avon)

자수화단: 영국 큐궁

자연경관이 빈약한 네델란드 서민주택 정원

침상정원(sunken garden); 영국 함톤 코트

경재화단; 함톤 코트

통로주변 화단; 영국 Newby Hall and Garden

다층 군식(multi-layered group planting); 영국 큐식물원

일본 가로경관

18

차폐
Keeps Privacy

인구가 많은 도시에서는 사적인 공간을 확보하기 어려운데 아늑한 공간을 만드는데 담장을 쌓기도 하지만 수목을 식재하면 부드러운 차폐의 기능뿐만 아니라 에너지 절약, 열섬 축소, 생물다양성 환경 등 다양한 기능을 동시에 할 수 있기 때문에 인공적인 담장보다는 수목식재에 의한 공간차폐가 바람직하다 하겠다.

측백나무 생울타리; 서울 선농단

수벽에 의한 공간분할; 스코트랜드 에딘버러 식물원

주택수벽; LA 베버리힐즈

주택수벽; LA 베버리힐즈

수양버들; 북경 명13릉 입구

19
완충녹지
Buffers Land Use

토지이용이 다른 공간의 기능순화를 위해 완충적인 공간이 필요한데 수림대 조성이 가장 바람직하며, 모든 공간은 외곽에 액자와 같이 완충녹지를 조성하여 속세(profane)와 성역(sacred) 구분, 도로변 교통소음 차음, 각종 단지 외곽의 차폐, 방풍, 방음, 공장지역과 배후도시 사이 등에 완충녹지를 조성하여 다양한 역할을 얻을 수 있는 기능식재이며 시설녹지이다.

기능식재는 4계절을 기능을 해야 되기 때문에 낙엽수보다 상록수를 골격식재로 수직·수평으로 밀식하도록 해야 하고 조기 효과를 얻으려며는 안식각을 고려해 최대한 높이 흙을 쌓아 조산(berm)을 만든 후 식재하도록 한다. 중부지방에서는 마땅한 상록수가 없는데 측백나무가 환경내성이 가장 강하고 기능식재로는 적수라 할 수 있다.

성역으로 진입을 알리는 사찰 전나무 가로숲; 오대산 월정사

별서에 들어가는 입구의 완충 대숲; 소쇄원 입구

공업단지와 주거단지 사이 완충녹지; 인천광역시 서구 석남동(산림청)

고속도로변 완충녹지; 중국 북경

고속도로변 완충녹지; 중국

도심지 건물 앞 완충녹지; 북경

20
비보림(裨補林)
Strengths Poongsoo Weak-point

인간은 일생을 살아가면서 자력의 힘이 부족함을 느끼고 타력을 얻고자 노력하며 살아가고 있다. 물리적 타력은 풍수지리로 발전되었고 정신적 타력을 교육 및 종교로 발전되었다고 볼 수 있다. 살아가는 환경은 삶에 지대한 영향을 미치기 때문에 동서양을 막론하고 원시시대부터 안전하고 편안하며 생산성이 있는 자리를 찾아 마을이 형성되고 도읍지를 선정하여 살아오고 있는데 이를 풍수지리라 이름 짓고 기운이 모인 장소를 혈(穴, *genius loci*)이라 부르는 것은 보편적 문화(universal culture)의 하나이다.

풍수지리를 중국에서 발전된 동양적 지리학이니 한국적 지리학이라고 단정짓고 있지만 서양풍수(geomancy)도 있었고 기가 직선으로 흐른다는 ley-line 책도 많이 출간되고 있다.

서양에서는 풍수지리가 3,000여 년 전 유일신 종교가 등장하며

눈에 보이지 않는 세계나 비과학적 우상숭배 금지가 강화되며 단절
되었으나 서양의 모든 성지는 혈 자리로 원시신앙 터였으며 이 자리
에 군림하여 종교건물이나 국가적 주요건물을 배치해 오고 있다.

　　따라서 혈 자리를 찾는 풍수지리는 원시시대부터 인류가 찾아왔
던 최적의 양택이나 음택을 찾는 고대과학(ancient science)으로 판단
하는 게 바람직할 것이다.

　　동양에서는 다신교를 믿는 전통으로 고대의 풍수지리가 사장되
지 않고 음양오행을 첨가하여 이론화 되고 있으며 과학시대를 살아
가고 있는 현대에도 크게 성행하고 있는 실정이다. 동양인의 머릿
속에는 '영웅호걸은 땅의 기운을 받고 탄생한다(人傑地靈)'는 믿음이
지속되어 왔다. 그러나 명당 모식도같이 사신사(四神砂)가 균형 있게
둘러싸인 명당자리는 찾기 어렵기 때문에 명당에 가까운 곳을 고른
후 강한 곳은 눌러주고[厭勝] 약한 곳은 보충해 주며[裨補] 토지를
지속가능하게 활용해 왔다. 우리나라는 이미 고려 신종(神宗, 1197)
때 산천비보도감(山川裨補都監)을 운영했다는 기록이 있으며 조선시
대도 과거시험과목에 지리가 포함될 정도로 보편화된 영역이었다.
조선시대 문신 이중환(李重煥, 1750)도 『택리지(擇里志)』 가운데 살만
한 곳(可居地) 4대 요소 중 지리를 맨 먼저 강조했음은 살 자리를 잡
는데 지리가 그 만큼 중요했었음을 찾아 볼 수 있다.

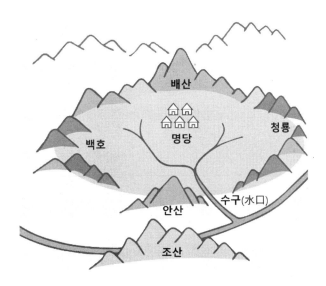

풍수지리적 명당도(삽도: 심현남)

덕음산을 배산으로 대표적 명당인 윤고산 고택

안산(案山) 비보를 위해 곰솔림과 연못을 조성

소결

인류가 살아가는 하나밖에 없는 지구를 살리자는 목소리는 커지고 있지만 날이 갈수록 지구환경은 피폐해지고 있으며 지구의 종말이 머지않았다는 불안한 소리도 들리고 있다. 기계산업사회에 살아가며 편리하고 노동절약적이며 풍요로운 생활을 즐기고는 있지만 기계 사용에 따른 많은 에너지 사용과 동반되는 부산물 공해로 인해 지구온난화, 열섬현상 등이 발생되고 무표정한 건물 속의 생활은 메마른 감정을 부축이고 있으며, 생태계의 엄정한 먹이사슬이 끊기면 인간도 설 자리를 잃게 되어 생물다양성 문제가 중요하게 제기되는 상황에서 식물만이 많은 문제점들을 해결해 줄 수 있음을 강조했고, 생활주변에 적합한 식물을 선정하여 잘 가꿈으로써 병들어 있는 지구를 살릴 수 있음을 여러 자료를 제시하며 새 천년은 식물이 주인공이 되어야 하는 당위성을 강조하는 바이다.

제 2 장

식물과 삶의 질
Plant and Quality of Life

아아, 화초는 한낱 식물로서 감각도 없고 운동도 안 한다.

그러나 배양하는 묘법을 알지 못하고 거두어 간직할 때에 마땅히 습해야 할 것을 건조하게 한다든지, 마땅히 차게 해야 할 것을 다습게 한다든지 해서 그 본래의 성품에 어긋나게 하면 반듯이 시들어 죽을 것이니, 어찌 다시금 피어나고 빼어나서 그 참모습을 드러낼 수 있겠는가.

하찮은 식물을 기르는데도 이렇거든 하물며 만물의 영장인 사람에게 있어서 그 마음과 형체를 괴롭게 하여 그 천성을 어길 수 있겠는가. 내 이제 사 양생(養生)하는 법을 알았노라.

인재 강희안(仁齋 姜希顔, 1417~1464)
『양화소록(養花小錄, 이병훈 역, 2000, 을유문화사)』

21
육체건강
Keeps Physical Health

인간수명에 대한 이론은 다양한데 구약성서에는 900년 이상을 언급하고 있고, 동양 양생술에서는 120세[도교에서는 125세]로 보고 있는데 현대의학에서는 150세도 주장하고 있어 100세 시대로 접어들었다고 흥분할 일이 아니다. 그러나 각종 공해, 미세먼지, 유전자 변이 식품섭취, 지나친 술과 담배, 화학약품 복용, 스트레스 등으로 수명이 단축되고 있어 몸을 잘 관리하여 자연수명을 살 수 있도록 해야 할 것이다. 장수는 저절로 얻는 게 아니고 노력에 따라 달라질 수 있는데 음식 40%, 마음 40%, 운동 10%, 유전 10%가 종합적으로 작용하지 않나 판단된다.

우선 육체적인 건강은 기본인데 적당한 운동을 통하여 얻을 수 있고, 신선한 공기를 호흡할 수 있는 환경이 필수 조건이다. 기본적으로 몸에서 배출되는 탁한 기운을 배출하고 신선한 공기를 호흡함

으로써 생명이 유지되기 때문에 자연숲 속에서의 생활이 바람직하
지만 사회생활을 위해서는 번잡한 도시에서 살 수 밖에 없는 실정이
라 도시의 열악한 환경은 건강을 해치고 있다.

이상적으로 도시면적의 20% 이상의 녹지[녹지율]나, 시민 1인당
30㎡를 제시하고 있지만 지가상승으로 확보하기에는 어려운 수치이
고, 세계보건기구(WHO)가 권장하는 도시민 1인당 면적은 최소한 9
㎡인데 우리나라는 8.32㎡(2013)로 기준에 미치지 못하고 있다.

녹지는 광합성 작용을 통해 식물이 필요한 영양분을 생성하면서
탄산가스를 흡수하고 산소를 배출하기 때문에 건강관리를 위해 필
수 요소이며, 신선한 공기를 마시며 육체운동을 함으로써 수레바퀴
에 비유되는 건강한 육체를 유지할 수 있다. 바쁜 일과로 실내에서
에어로빅(aerobic)운동이나 휘트니스 헬스클럽에서 운동을 하고 있지
만 공기가 나쁜 실내운동은 지양해야 할 것이고 신선한 공기를 마실
수 있는 자연 속에서 운동할 수 있는 녹지공간이 조성되어야 한다.

18세기 후반 영국의 산업혁명으로 평화로운 농경시대에서 도시의
산업사회로 바뀌면서 도시에 일자리를 찾아 몰려드는 가난한 근로
자들은 위생시설이 미흡한 빈민촌에 살게 되어 건강이 악화되고 수
명이 단축되며 노동생산성이 떨어지자 기업주들이 건의하여 일반인
들이 출입할 수 있는 공원제도가 없는 영국에서 최초로 산업도시
버큰헤드(Birkenhead)시 의회가 정부예산으로 근로자들 건강 회복을
위한 공공공원(public park)을 만들기로 1843년 법을 통과시키고 도시
안에 쓸모없이 버려진 땅에 정원기술을 도입하여 쉼터와 운동공간
을 만들도록 하이드파크에 수정궁(Crystal Palace)를 설계한 정원건축

세계최초의 도시공원(1847년 개장); 영국 버큰헤드 공원

조깅코스: 버큰헤드 공원

가 팍스톤(Joseph Paxton, 1801~1865)에게 의뢰하여 설계함으로써 최
초의 도시공원이 등장하게 되었고(1847), 이 공원조성이 계기가 되어
영국 전역에 도시공원이 조성되게 되었다.

　마침 미국 농부 옴스테드가 선진지 농업기술 연수차 영국에 들
려 곳곳을 다니던 중 이곳 버큰헤드 공원에 들려 시민들이 아름다
운 공원에서 자유롭게 노니는 모습에 감명을 받아 미국으로 돌아
온 후 미국에 없는 도시공원 제도를 도입하자는 글을 써 언론에 기
고하고 주장한 결과 1858년 뉴욕시에서도 맨해턴 섬에 버려진 바위
산 100여만 평에 도시공원을 조성하기 위해 국제현상공모를 거쳐 옴
스테드(Fredick Law Olmsted)와 영국 출신 건축가 복스(Carbert Vaux)가
합작으로 출품한 '푸른초원(Greensward)'이 1등으로 당선되어 오늘날
의 센트럴 파크가 탄생하게 되었다.

　이 설계를 구상한 옴스테드는 공원 안에 담을 최우선 프로그램으
로 시민건강에 두었으며 100여만 평의 넓은 부지에 건축물 등 구조
물은 최소화하고 미국의 전원풍경을 도시에 재도입하여 자연과 결
별(divorced)하여 콘크리트 숲에 살아가고 있는 도시사람들에게 자연
과 재결합(remarriage)시키겠다는 설계철학을 담았던 것이다.

　센트럴 파크(843에이커)에는 수면(150에이커), 잔디밭(250에이커), 숲
(136에이커)로 구성되고 숲에는 26,000주의 나무를 심었으며, 산책
및 조깅로(58마일), 야구 및 소프트 야구장(26면), 축구장(3면), 테
니스 코트(30면), 어린이놀이터(21면), 아이스링크(3면), 보트장, 저수
지, 실내외 바위타기시설이 갖추어져 있어 뉴욕시민들이 다양한 운
동을 숲속에서 할 수 있는 공원으로 일년에 2,500만명(2006)이 찾

어린이 놀이터; 버큰헤드 공원

흙 포장 조깅 코스; 뉴욕 센트럴 파크

공원 내 야구장; 뉴욕 센트럴 파크

아 사랑받고 있다.

　이와 같은 설계철학의 방향이 미국사회에 적중하여 미국 전역에
도시공원이 조성되기에 이르렀고, 이 영향을 받아 1900년에 하버드
대 디자인대학원 조경학과도 세계 최초로 개설되게 되었다.

　또한 서부 요세미(Yosemite)산을 둘러본 옴스테드는 이렇게 뛰어
난 자연경관은 개인이 소유해서는 안 되고 주민들의 공동자산이
되어야 된다고 주정부에 건의하여 최초의 주립공원으로 지정되고
(1864, 1890년 국립공원 승격) 이 영향으로 1872년에 옐로우스톤 공원
(Yellowstone National Park)이 세계 최초의 국립공원으로 지정되어 국
립공원제도가 인류사에 등장하게 되었다.

바위타기를 즐기는 어린이들: 뉴욕 세트럴 파크

9,000개 벤치 시설: 뉴욕 센트럴 파크

공원 내 아이스링크(3면); 뉴욕 센트럴 파크

자연 속 어린이 놀이터; 노르웨이 트론하임 초등학교

어린이들의 골프 연습: 캐나다 뱅크버 공원

최초의 주립공원: 요새미트 산(사진: Niall Kirkwood)

22
정신건강
Improves Mental Health

1948년 창립된 세계보건기구(WHO)는 건강을 '건강이란 질병이 없거나 허약하지 않을 뿐만 아니라 육체적·정신적·사회적 및 영적 안녕이 역동적이며 완전한 상태를 말한다.'라고 정의하고 있으며, '건강한 육체에 건강한 정신이 깃든다(A sound mind in a sound body)'라는 속담이 보편화 되듯 육체와 정신은 밀접한 관계를 맺고 있으며 건강은 생명유지뿐만 아니라 행복조건이기도 한다.

정신건강은 살아가는 환경과 업무의 질에 따라 영향을 받게 되는데 쾌적한 자연환경이 인간 본연의 고향이기 때문에 가장 적합한 환경이고, 업무상 스트레스를 받지 않도록 하는 것이 정신건강 유지의 기본이 될 것이다. 쾌적한 실내외 환경에서 생활할 수 있도록 노력하고 원망생활을 감사생활로 돌림으로써 스트레스를 벗어 나는 지름길이다. 혼란한 도시에서 대부분 직장생활을 하게 되지만 주말에라

도 자연을 찾아 흐트러진 정신을 되찾고, 자연 속에서 시름을 씻을
수 있도록 노력해야 할 것이다. 자연 속에 들어가면 마음이 편안함
은 자연은 질서를 지켜 모든 구성요소들이 제자리를 차지하고 있음
으로써 편안함을 얻게 되는데, 자연은 생태적으로 최적의 환경에서
생물이 자리잡고 생육하고 있기 때문이다.

자연 속 산책은 정신건강 회복에 큰 도움; 영국 Newby Hall and Garden

가족과 휴식은 즐거움 배가; 뉴욕 센트럴 파크

아름다운 정원은 마음의 평안: 영국

23
영성
Enlightens Spirituality

식물은 생물로서 영성이 깃들어 있다는 믿음은 동서양의 보편적 문화로 식물을 신격화하며 외경(畏敬)하고 치유를 얻고자 하는 노력은 많은 사례에서 찾아 볼 수 있으며, 전지전능한 신이 천상에 머물며 지상을 관리하는데 천상의 조물주에 접근하는 방안이 우주목(cosmic tree) 문화였으며, 높은 산에 천단을 조성하고 천제(天祭)를 지내거나 산이 없거나 평평한 지역에서는 피라미드같은 높은 구조물을 조성한 문화도 하늘에 가까이 가려는 시도였다.

세계보건기구의 건강 정의에 영적 건강도 강조하고 있음을 유의해야 하고, 기계산업시대가 되면서 등한시 되고 잊혀진 영성(spirituality)이 국제자연보전연맹(IUCN)의 주요 용어로 채택되었고(2016), 인디언들이 전통적으로 질병치료를 식물의 영성을 빌어 치료하며(plant spirit medicine) 많은 저술 출간과 그 효능이 재조명받고 있는 현실도

주목해야 할 것이다.

　미국인들이 존경하고 있는 사상가이며 자연생태주의자인 쏘로우(Henry David Thoreau, 1817~1862)도 하버드대를 졸업한 인재였지만 속세를 떠나 뉴욕 근처 콩코드 '월든(Walden)' 숲속에서 통나무 오두막을 짓고 자연과 함께 단순한 삶을 실천함으로써 영성을 깨우치려 노력했던 모습이 물질사회에 물든 미국인들에게 신선한 충격을 주었었다. 이는 조선시대 수기안인(修己安人)의 능력을 갖춘 사대부들이 세속의 화려한 삶에 연연하지 않고 자연 속에 은거하며 별서(別墅)를 경영했던거나 마찬가지 사례로 자연에 순응하고 영성을 깨우치며 친자연적 삶을 살아갔던 사례나 마찬가지라 할 수 있을 것이다.

　오늘날 심각한 지구환경문제를 해결할 수 있는 방안이 여러 측면으로 검토되고 있는데 지구환경문제에 관해 가장 일찍 화두를 던진 학자가 예일대 Keller 교수라 할 수 있는데, 그는 1916년 저서 『사회 진화론(Societal Evolution)』을 통하여 산업사회가 되면서 물리적 환경(physical environment)와 사회적 환경(societal environment)만 중요시 하는데 잊혀진 제3의 환경(the 3rd environment)인 신과 영성을 위한 상상환경(imaginary environment for ghosts and spirits)을 복원해야 한다고 주장했으며, 6.25때 납북된 손진태 교수가 이 책을 인용해 그의 저서 『조선상고문화의 연구』를 통해 우리나라도 오랜 영성이 깃든 전통문화를 복원해야 한다고 주장한 바 있다.

　1967년 Science지에 기고한 White교수의 '우리 생태계 위기의 역사적 근원(The Historical Root of Our Ecological Crisis)'도 같은 맥락으로

신목 아래서 영성을 얻으려는 노력: 네팔 룸비니동산 보리수

명산에서 수행은 영성을 얻기 위한 노력: 봉화 청량사

쏘로우가 친자연적 삶을 살았던 월든 숲의 오두막과 호수(사진: Niall Kirkwood)

영성의 깨침은 고행이 수반: 인도 다람살라 수도승

깊은 숲속을 걷는 것도 영성 개발: 인도 다람살라

고요한 숲속은 영성을 얻는데 적격; 인도 다람샬라

선비들이 영성을 얻기 위해 누정 활용 ; 완도 보길도 세연정

세계상상환경학회 창립총회 및 국제학술대회: 2015년 10월4일 고려대

강화도 마니산 참성단 개천절 행사에 외국인 최초 참배: 2015년 10월 3일

환경문제는 인간이 스스로 일으킨 문제이기 때문에 인간의 자연관
이 변해야지 과학적으로는 불가하다는 주장이며, 종교가 인간의 마
음을 감화시키기 때문에 종교 지도자들이 지구환경문제를 인식하
고 앞장서야 한다는 주장이다.

하버드대 세계종교연구소(Harvard University Center for the Study Of
World Religions)도 1996~1998년 〈종교와 생태(Religions and Ecology)〉주
제로 12개 종교단체를 초청하여 각 종교가 지구생태환경을 어떻게
대처하고 있는지 자유토론장을 마련했고 그 결과를 10권으로 책으
로 발간한 바 있다.

또한 세계자연보호기금(WWF) 영국 회장을 1975~1985년, 국제회
장을 1985~1995년까지 역임한 영국 필립공이 1995년 〈종교를 통한
지구환경보전연맹(Alliance of Religions and Conservation; ARC)〉을 설립
하여 12개 종교단체를 설득하고 80개국이 참가하는 UN산하 가장
활발한 NGO를 운영하고 있으며, 지구의 8% 가량을 소유하고 있는
종교단체가 앞장서 환경보전운동에 동참하게 하고 세계 3대 투자처
로 활발히 활동하고 있는데 한국은 가입도 못한 형편이었다.

저자도 오랜 기간 동안 지구환경을 걱정하면서 해결방안을 모색
하던 중 위 두 교수의 주장에 동의하며 2002년부터 고려대 대학원
박사과정 교과목에 〈상상환경 설계론〉을 개설했고 한국전통조경학
회에 발표한 바 있으며, 정년퇴직한 2015년 10월 4일 '세계상상환경
학회(Research Institute for Spiritual Environments; RISE)'를 창립하여 활
동하고 있다.

용어의 사용 중 100년 전 Keller교수가 제3의 환경을 imaginary

'신앙을 통한 자연보전' 워크숍 참석: 2015년 11월 1~17일
영국 런던 성공회 대주교 저택(Lambeth Palace)

'신앙을 통한 자연보전 워크숍' 참가; Lambeth Palace

environment라고 처음 사용해 상상환경으로 번역했지만 100년이 지
난 작금에 그 주장을 그대로 답습하는 것은 학자의 도리가 아니기
때문에 지금은 더욱 세분화되어 자연·생태적(natural and ecological),
사회·경제적(societal and economic), 물리·공간적(physical and spacial), 전
통·문화적(traditional and cultural), 인문·상징적(humanistic and symbol-
ic), 천문학적(astrological), 풍수지리적(poongsujiri), 청각적(acoustic), 미
학·시각적(aesthetic and visual) 그리고 영성적(spiritual) 환경의 아홉 환
경으로 나누고 이중 가장 중요한 영성적 환경을 종교용어적으로 치
우친 감이 있어 보이지 않는 환경이기 때문에 상상(想像)환경으로 이
곳을 보전할 수 있는 설계기법을 개발하여 지구환경문제를 해결하
는 방안을 연구 중이다.

  ARC에 가입도 안한 한국에서 학회창립이 계기가 되어 창립총회
에 ARC 사무총장(Palmer)을 주제 발언자로 초청했었고, 전날(10월3
일) 강화도 마니산 참성단에서 개최된 개천절 행사에 안내하여 한국
의 전통문화를 안내하자 감명을 받았던지 곧장 런던시내 성공회 대
주교 저택(Lambeth Palace)에서 11월 15일부터 2박 3일로 개최 예정인
'신앙을 통한 자연보전(Faith in the Conservation)' 워크숍에 초청장을
보내와 참가할 수 있는 영광을 얻은 바 있고 이 자리에서 필립공의
환영사와 국제환경전문가 30명과 유대를 맺을 수 있었다.

  또한 세계상상환경학회는 2016년 연구사업으로 신라 때부터 불교
에 기부한 역사가 있는 1억9천만 평의 사찰림 관리를 위해 '종교림
보전 국제학술회의'를 10월 15일 1천8백만 평을 가진 오대산 월정사
에서 개최하며 사찰림 보전에 10개 분야를 종합적으로 접근하고자 관

사찰림 보전 국제학술대회; 2016.10.15., 월정사

련 학자들에게 부탁하여 연구를 진행했지만 재정지원 부족으로 6 개 분야로 축소해 개최한 바 있다. 지구상 종교가 소유한 영성이 깃 든 부지가 8%를 차지하고 있듯 한국에도 불교가 우리나라 산의 가 장 중요한 혈(穴)터 길지 1%를 차지하고 있지만 관리대책 없이 방치 하고 있는 상황이라 국가적 대책이 절실하다 하겠다.

고요한 숲속 걷기는 영성수련: 인도 다람살라

24
신앙[종교]
Recovers Faith[Religion]

인간은 많은 동물 가운데 두뇌는 뛰어나지만 힘은 미약한 존재임을 깨닫고 타력의 도움을 받아 왔다. 교주, 교본, 교직자 등의 체계를 갖추고 3,000여 년 전에 인류사회에 등장한 고등종교(high religion) 출현 이전의 원시시대 인류는 동서양을 막론하고 모든 물체에 혼이 깃들어 있다고 믿고 외경하는 정령숭배사상(animism)이 만연되어 토속신앙(indigenous faith)으로써 오늘날까지 존재하고 있는데 이를 보편적 문화(universal culture)라 한다.

　동서양으로 구분이 시작된 시기는 유일신교(monotheism)을 믿는 서양과 다신교(polytheism)를 믿는 동양으로 나눠지는데 불과 3,000여 년 전 일에 불과하다. 원래 다신을 숭배했던 보편적 전통 속에 사막에서 문명을 발전시킨 서양에서는 체계를 갖춘 종교가 등장하면서 그 전에 외경했던 토속신앙은 합리적이지 못하고 비과학적이라

는 주장 아래 우상숭배(paganism) 금지로 몰아세우고 강력한 유일신
앙을 앞세워 오늘날의 자연정복적 산업사회를 주도해 오고 있다.

그러나 산업발전의 한계에 부딪치게 되자 과거로 회귀하는 모습
을 도처에서 찾아 볼 수 있고 다시 원시신앙 사회로 돌아가려는 현
상이 나타나고 있다. 즉 지난 2,000여 년 간 유일신앙으로 정신무
장하고 세계를 서양과학문명으로 주도했지만 20세기 초부터 한계
를 느끼고 종교에 속았다는 학자들이 등장하면서 탈종교시대를 선
언하고 있다.

한편 숲으로부터 발전된 동양문화권에서는 원시시대의 정령숭배
사상을 유지한 채 도덕적 인간을 강조하는 다신교적 종교가 등장하
여 서양문명과 대조를 이루어 오고 있다. 일찍이 지구생태환경 위
기의 근원을 진단한 White교수는 1967년 저명한 Science지에 투고
한 '우리 생태위기의 역사적 근원(The Historical Root of Our Ecological
Crisis)을 통해 서양인들의 인간 우월적 자연정복 사상을 앞세운 배
경이 구약성서 창세기 2쪽에 나오는 인간에게 모든 동물을 거느릴
수 있는(dominion over) 권한 부여에서 비롯됐다고 주장하며 이러한
태도가 바뀌지 않는 한 지구생태계는 몰락할 것이며 자연을 외경하
는 동양적인 다신교적 자연관으로 바꿔야 된다고 주장해 오늘까지
회자되고 있다.

지구환경보전적 측면에서 보면 모든 자연물에 정령이 깃들어 있
기 때문에 외경하고 조심히 다루어야 한다는 토속신앙적 태도를 취
하는 것이 훨씬 바람직하다 하겠으며 다시 보편적 문화를 되찾는 노
력이 필요하다고 하겠다.

공자 사당이 있는 행단(杏檀)의 살구나무

마을의 안녕을 기원하는 동신제

선방 앞에 식재된 파초

신목 아래 축조된 신사; 카시마(鹿島) 신궁

이슬람교 이상향: 인도 타즈 마할 궁

서양에서도 정령숭배 흔적 중에 지상에서 하늘에 가장 가까이 맞
닿게 크는 거목을 우주목(cosmic tree 또는 world tree)이라 칭하고 지하,
지상, 천상을 연결하는 신목으로 신성시 하는 신앙이 존재했고 동양
의 동신목(洞神木)과 같은 문화라 할 수 있다.

또한 각 종교에서는 식물을 상징화하여 포교에 활용하고 있는데
성서에는 120가지 식물(bible plants)이 등장하며 식물을 교시에 잘 활
용하고 있으며, 동양 정신세계를 끌어가고 있는 불교에서도 많은 식
물을 활용해 포교와 수도의 수단으로 활용하고 있다.

불가에서는 궁극적으로 해탈을 추구하는데 그 어려움을 단비구
도(斷臂求道)에 비유해 중국 선종의 개조인 달마가 도 전승을 요구
하는 제자 혜가(慧可)를 거절하자 굳은 결심의 표현으로 어깨를 잘
라 버리니 거기에서 파초가 나왔다는 전설이 있어 선방 앞에 파초
를 심는 문화가 있다.

또한 달마가 소림사 뒷산 동굴에서 9년 면벽기도를 하는 중 가장
걸림돌이 잠을 오게 하는 수마(睡魔)로 도를 깨치려는데 수마도 이
기지 못해 되겠냐고 눈꺼풀을 찢어 던진 곳에서 차나무가 나와 승려
들이 좌선 중 졸음을 쫓고 달마의 고행을 상기시키기 위해 다도를
발전시켰다는 전설이 전해 오고 있다.

불교의 상징화로 연꽃이 식재되고 있는 것으로 알고 있지만 연꽃
은 불교뿐만 아니라 유교, 도교에서도 널리 상징화로 애용하는 식물
이다. 연못을 조성할 공간이 협소하면 석연지(石蓮池)를 배치하였는
데 가장 오래된 석연지는 신라 33대 성덕왕 19년(720)에 1.95m 크기
로 조성한 속리산 법주사의 국보 제64호 석연지가 유명하며, 조선시

군자에 비유한 연꽃

대에도 많은 석연지가 조성되었다.

유교에서는 북송의 대유학자 주돈이(周敦頤, 1017~1073)가 연을 군
자에 비유한 '애련설(愛蓮說)'에 영향을 받아 유교 교육기관이나 선
비들 주택의 연못에 즐겨 심어 오고 있으며 도교전설에서는 8선 중
한 명인 하선고(何仙姑)가 항상 연꽃을 휴대하고 다니기도 했다.

조선시대 유교가 국교가 되면서 중앙에 성균관을 비롯해 지방에
향교, 서원이 교육기관으로 축조되었는데 유교의 교조인 공자가 행
단(杏壇)에서 제자교육을 시켰다는 전설에 따라 행(杏)을 은행나무로
해석해 은행나무를 심고 있는데 중국 곡부에 가면 행단 주변에 은
행나무가 아니고 살구나무였음을 확인할 수 있어 잘못된 유교문화
임을 확인할 수 있다.

일본의 토속신앙인 신도(神道)도 자연숭배 종교로 하늘의 신이 지
상에 노거수 타고 지상에 강림하며 머무를 수 있는 신사를 노거수
밑에 축조한 전통이 오늘날까지 전승되고 있어 우리나라 동신목 숭
배와 유사한 보편문화를 찾아 볼 수 있다.

전나무로 크리스마스트리를 장식한 바티칸(크리스마스트리와 오벨리스크는 우주목 형상화)

성서에 많이 등장하는 무화과나무; 영국 런던 Lambeth Palace

룸비니 동산의 보리수

보리수 신목에 축원: 룸비니 동산

25
민속
Conserves Folk Culture

민속은 외래문화가 섞이지 않은 민초(民草)들의 순수한 풀뿌리문화
이지만 강대국들의 침탈로 그 정체성을 상실하고 획일화되어 가는
상황에서 민속의 가치를 재조명하고 회복해야 하는 중차대한 시점
에 섰다. 민속은 고난과 영광으로 점철된 민족적 삶의 궤적이고 생
산과 소비, 놀이와 제작이며, 관습과 사상으로 집약되는 민간의 생
활 전체를 지칭하며, 민속은 기층민의 습속과 문화로서 한 나라의
고유성을 간직하고 민속을 탐구하고 체득하는 것은 안으로는 민족
의 통합을 다지고, 밖으로는 민족문화를 선양한다 할 수 있다.

　일찍이 민족 시인으로 잘 알려진 조지훈 교수는 민속을 이미 1963
년에 1.구비전승, 2.신앙전승, 3.의식·행사전승, 4.기예전승, 5.공동생
활구조전승으로 분류하여 서양학자 Dorson이 1973년에 분류한 1.구
비문학(oral literature), 2.물질문화(material culture), 3.사회적인 민속관

습(social folk custom), 4.연행되는 민속예술(performing folk art)보다 앞서 발표한 선각자였다.

또한 고려대학교 민족문화연구원이 편찬한『한국의 민속의 세계(2001)』에서 20개 부문으로 나누어 각 2개 부문씩을 한권으로 묶어 전10권을 발간한 바 있는데, 식물이 전 분야에 관련 지어왔으며 그 내용을 정리하기에는 너무나 방대하다.

이런 민속문화를 등한시 하고 외래문화를 무분별하게 도입하는 추세는 재고되어야 할 것이다. 특히 민속식물(folk plant, ethno-botany)은 그 가치의 중요성이 근래 재조명되고 있으며, 영성(spirit)이 살아있는 생명체로 재인식되고 있다.

산림청에서도 2005년부터 각 지방 민속식물을 조사해 책으로 출간하고 있는데, 대개 각 지방마다 120여 가지의 식물이 각 가정에서 재배해 왔다. 용도는 생약, 먹거리, 염료, 목재 등이며 자생식물부터 귀화식물까지 포함하고 있다. 근래 도시농업이 주목을 받고 있는데 외래식물을 키울게 아니라 민속식물을 재배하여 다용도로 활용할 수 있도록 전문기관에서 보급하고 교육시킬 필요가 있다 하겠다. 민속식물이 실생활에 도움을 줄 뿐만 아니라 민속문화의 주 소재로 활용되어 왔으며 절기에 따른 민속놀이의 주인공이었다.

정부에서 민속마을을 7개 소에 정하고 관리하고 있지만 민속마을에는 민속은 사라지고 한옥 정도를 관리하고 있는 실정이며, 새마을 사업을 하면서 미신타파를 앞세우며 우리 민속을 말살시켜버린 큰 오류를 범했던 것이다. 이제라도 단절된 민속을 발굴하고 도시재생사업에 중요한 프로그램으로 도입해야 할 때이다.

풍년을 알리는 이팝나무; 목포시

물이 귀했던 제주도에서 빗물을 받는 장치

■

세계에서 행복지수(Gross National Happiness, GNH)가 가장 높은 나
라로 알려진 부탄은 국민소득이 2,336달러(2018)로 136위에 해당되
지만 자국의 민속을 잘 간직하며 자부심을 가지고 행복하게 살아
가고 있는데 25,167달러로 33위을 차지하고 있는 대한민국은 자살
률이 세계 최고이니 경제발전과 행복은 별개문제임을 자각해야 할
것이다.

전통문화를 잘 지키고 있는 부탄왕국; Tiger's Nest 사찰

26
자연학습
Teaches Nature

자연의 소중함을 알려면 조기 자연학습을 통해 이해될 수 있는데 생활주변에 자연학습할 수 있는 장소가 마땅치 않다. 근래 수목원 조성이 엄청난 예산을 투입하여 유행처럼 조성되고 있지만 수목원 안내전문가가 없는 상황에서 식물전시에 불과한 실정이다. 또한 각급 학교는 부지가 비좁고 학교당국의 무관심으로 자연학습장이 마련되지 못해 교육이 제대로 되지 않고 있는 실정인데, 학교주변을 공원부지로 조성하는 학교공원(school park)제도를 1985년부터 일찍이 주장해 오고 있으나 공무원이나 도시계획가들의 무관심으로 도입되지 않고 있는데 국토가 좁은 우리나라에서도 꼭 도입해야 할 좋은 제도이다. 미국같이 국토가 넓은 나라에서도 어린이놀이터와 유치원, 근린공원과 초중등학교, 대학교와 중앙공원을 인접해 배치함으로써 상호 보완적이며 토지를 효율적으로 활용할 수 있는 좋은 제도이다.

식물원은 자연학습하기 좋은 장소; 싱가풀 식물원

자연속의 트레킹도 좋은 자연학습 장소; 영국 생태공원

주말농장도 자연학습에 좋은 장소; 독일 뮌헨

국립공원 탐방도 좋은 자연학습;   자연의 경이로움을 맛볼 수 있는
캐나다 록키마운틴   미국 세코이아 국립공원

국제적 명성을 얻고 있는 영국 큐가든

한국인이 무관심한 아름다운 자생수목 철쭉(*Rhododendron schlippenbachii*, royal azalea)

27

상징성
Educates Symbolism

동양에서 사물에 상징성을 부여하고 생활주변에 사물을 배치해 반복교육을 환경으로 활용하고 있는 문화는 한나라 동중서(董仲舒, 179~104 BC)가 지은 『춘추번로(春秋繁露)』 제57편에 언급된 동류상동(同類相動)론으로 '같은 생각을 하면 서로 통한다'는 이론으로부터 비롯됐다 할 수 있는데 회화·명리학 등에서도 활용되고 있다.

정원에 사군자를 비롯하여 세한삼우 등을 심거나 형편이 안 되면 가구나 도자기 등에 시문하고 그림으로 그려놓고 보는 것은 지조, 절개, 겸손 등을 강조하는 유교사회에서 가장 이상형인 군자가 되고자 하는 간접교육의 소재로 활용되어 왔고, 농경시대 가족번성이 부를 이룰 수 있었기 때문에 자손번창을 기원하며 알알이 맺는 포도나 석류를 심고, 훌륭한 학자가 탄생하기를 기대하는 학자수 회화나무를 심어왔다.

연화좌에 모시는 석가모니나 유교에서의 주돈이(周敦頤, 1017~1073)
의 애련설, 도교 팔선(八仙) 중 한 명인 하선고(何仙姑)의 연꽃소지 등
유불도에서 연의 상징성을 활용하고 있다.

그밖에도 부귀를 염원하는 모란, 불로장생을 염원하며 십장생을
그려 놓은 소나무, 영지(靈芝), 공자의 지란지교(芝蘭之交)나 겸손을
강조한 난 재배, 난 그림그리기 등 많은 사례를 찾아 볼 수 있고 기
독교에서도 성경에 120여 종의 식물이 언급되고 있어 교회건물조경
에 활용되고 있다.

이와 같이 상징성이 부여된 환경 속에 일상생활을 함으로써 자연
스럽게 반복교육이 되는 전통환경문화는 시각적 장식에만 치중하
는 서양식 환경보다 오늘날의 교육에도 활용되어야 할 좋은 문화
라 할 수 있다.

모란식재는 부귀 염원: 강진 김영랑 생가

회화나무 식재는 대학자 배출 염원; 양동마을

석류나무 식재는 자손번창 염원; 양동마을

경회루 못 중도에 장수를 상징하는 소나무

경복궁 근정전 일월오봉도의 소나무와 천정 칠조룡(七爪龍)

경복궁 자경전 굴뚝 십장생 문양 속 소나무

경복궁 후원에 놓인 석연지

창덕궁 부용정 못에 연 대신 잘못 식재된 수련

낙선재 후원의 석연지와 삼신산석

도자기에 시문된 연꽃

문 창살에 시문된 연꽃

벽에 자손번성 염원 포도송이; 낙선재 만월문.

양양군 서석지 주일재 앞 사우단(매·국·송·죽) 발굴 당시(1982)

서석지 연꽃

도산서원 정우당; 연 대신 수련 오식

상징성 식물(석류·모란·국화)로 꾸민 정원

신선세계를 염원하는 계관 및 삼신산; 광한루

북경 천단의 측백나무;   겸손·문무를 상징한 난초
소나무가 사라져 대신 식재

28
역사성
Keeps History

식물은 1,000년 넘게 살아가면서 그 지역의 역사를 안고 있다. 우리나라도 100년 이상 문화를 담고 잘 자라고 있는 수목에는 면 보호수, 200년 군 보호수, 300년 이상 도 보호수, 600년이 넘으면 천연기념물로 지정하여 보호하고 있다. 오랜 세월을 견디며 자라고 있는 보호수는 나무 자체만의 평가보다는 그 속에 담겨진 문화를 높이 평가하여야 하기 때문에 살아 있는 문화재로 평가받아야 된다고 판단된다.

노거수는 장소의 역사성뿐만 아니라 주민들과 애환을 함께하며 묵묵히 장소를 지켜오고 있으며 때로는 동신목(洞神木)으로, 여름에는 시원한 정자나무로 친근한 동반자다. 건물은 수명이 길지 못하지만 수목은 장수하기 때문에 더욱 역사가 깊다. 100년 넘는 노목에는 신이 깃들어 있다하여 함부로 베지 못하게 했으며, 꼭 베거나 옮길 때는 공손히 고사를 지내 양해를 구하고 작업을 하도록 하였다.

　반대로 유일신을 믿는 서양에서는 나무를 신목으로 여기는 것은 우상숭배라 하여 금기시 하면서 잘라버렸고 White 교수(1967) 논문에서 밝힌 대로 이런 행위가 지구생태계 훼손의 주범이라는 주장이 근거가 있다. 그러나 서양에도 노거수의 잔재가 약간 남아 있는데 이는 건드리면 화를 당한다는 전설에 따라 무서워 남기거나 일부는 노거수 밑에 교회를 짓는 모습도 찾아 볼 수 있다.

　우리나라도 불행하게도 새마을 사업의 일환으로 미신타파를 내세워 노거수들이 많이 잘려 1973년에 15,000여 주의 보호수가 1984년 조사보고서에 8,000여 주로 줄어든 뼈아픈 역사가 있다.

백제 무왕(634) 기록에 나오는 궁남지 버드나무

경주 김씨 시조 김알지가 태어났다는 계림

폭우로 쓰러진 통의동 백송: 천연기념물 제4호, 1990.07.19.

석가모니가 태어난 룸비니 동산의 보리수

29
자연재결합
Remarriage with Nature

인간은 자연의 일원이기 때문에 자연의 먹이사슬을 벗어날 수 없고 자연 속에 살아가야만 제 정신을 지킬 수 있다. 그러나 산업사회가 되면서 일자리를 구하기 위해 도시에 몰려 살게 되고 도시의 좁은 땅 때문에 충분한 자연을 접하며 살아가기가 어려운 현실이다. 근래 도시녹지는 녹색기반시설(green infra)로 평가하며 그 가치를 중시하기에 이르렀고 도시공원의 효시격인 뉴욕의 센트럴 파크 설계자 옴스테드는 인간이 자연과 결별하여 살아가고 있기 때문에 인간을 다시 자연과 재결합시켜야 한다는 철학으로 농촌의 평화로운 풀밭을 뉴욕 한 복판에 옮겨 놓고자 Green-sward라는 명칭을 부쳤던 것이다.

산업사회의 부작용으로 인류는 고통에서 벗어나지 못하며 비로소 자연의 중요성을 인정하기에 이르렀고 자연을 다시 찾고 있다. 한

자연을 다시 찾는 현대인; 영국 바스 시

국인의 50% 이상이 주말이면 산을 찾고 있는데 당연한 결과이며 어
느 도시나 30분 내에 금수강산에 도달할 수 있어 큰 복을 누리며 살
아가고 있는 민족이다. 사막에 사는 유목민들은 녹색이 그리워 국
기나 운동복도 녹색을 칠하고 있고, 그들이 염원하는 이상향도 시
원한 그늘이 있고 먹을 열매[穀樹]가 풍족한 환경을 염원할 뿐이다.
우리는 조상덕으로 극락세계에 살고 있는 셈이기 때문에 삼천리 금
수강산을 PCDRC(preservation, conservation, development, restoration, cre-
ation) 원칙에 따라 관리함으로써 후손에게 떳떳한 선조가 될 수 있
을 것이고, 금수강산의 무한한 경제성을 거두게 될 수 있을 것이다.

인간과 자연을 재결합시킬 목적으로 설계된 뉴욕 센트럴 파크(사진: Niall Kirkwood)

30
쉼터
Recreates Living

바쁜 일상생활에서 잠시 쉬어갈 수 있는 신선한 공간이 필요한데 정원이 주요 대상이며 선진국인들의 가장 으뜸가는 여가활동이 정원가꾸기(gardening)로 나타나고 있다. 또한 현대인들은 하루의 80% 이상을 실내에서 보내는 추세인데 탁한 실내생활은 건강을 해치고 생동감을 잃게 한다.

인공적인 정원을 꾸미지만 자연을 접할 수 있기 때문에 마음의 위안을 얻고 천천히 살아가는 지혜를 되찾을 수 있다. 정원은 가급적 관리가 쉬워 부담이 되지 않아야 하며 정원가꾸기의 추세가 시대에 따라 바뀌고 있는데, 정원의 나라 영국에서 경기가 좋을 때는 아름다운 꽃을 심으며 장식적인 정원을 꾸몄으나 경기가 나빠져 정원가꾸기가 부담이 되니 개선책으로 생산적인 정원가꾸기로 바뀌고 있다.

영국 주택 뒷뜰

숲속 파티; 에딘버러 식물원

영국 주택 후원의 어린이들

영국 뉴캐슬 자유녹지(Newcastle Common)

큐가든 하늘정원(Sky Garden at Kew)

영국 Newby Hall and Garden

숲속의 쉼터: 일본 쓰쿠바 유칼리 공원

도로변 그늘 밑 쉼터: 노르웨이

영국 꽃 전시회: 함톤코트(2008)

야외 쉼터; 노르웨이 트론헤임

큐 가든 가든숍

캐나다 부처드 가든

일본 장미 전시회(2017)

일본 주택정원

31

원예치유
Heals Disabled

원예치유와 유사한 치유방법은 인류가 경험에 의해 민간요법으로 오래전부터 이용해 왔으나 본격적인 원예치유의 시작이 한국과 밀접한 관계가 있다. 6.25 전쟁시 미군은 36,574명의 전사자와 103,284명의 부상자, 3,737명의 실종자를 발생시키며 엄청난 인명피해를 받았는데, 특히 정신질환을 앓은 참전용사들이 많아 고국으로 후송됐지만 이들의 치료가 어려운 가운데 한 병원의사가 환자치료를 위해 환자의 고향과 같은 편안한 병실환경을 만들어주자 병세가 많이 호전됨을 발견한데서 원예치유가 비롯되었다. 굳이 식물치유나 자연치유라 하지 않고 원예치유라 했던 것은 당시 불경기를 겪고 있던 원예산업분야가 앞장서 원예를 홍보하기 위해 원예치유(horticultural therapy)라는 용어가 쓰이기 시작했고, 일본에서는 식물치유(plant therapy)를 사용하고 있다.

우리나라에 원예치유 도입은 고려대 원예학과 고 곽병화 교수님
이 1984년 강원대에서 개최된 한국원예학회에서 원예산업발전을 위
해 생산에만 치우칠게 아니라 영역을 넓히기 위해 사회원예 도입을
강조하시면서 한 방안으로 원예치유를 소개하신 것이 계기가 되어
우리나라에 원예치유가 시작된 셈이다.

본인도 대학원 박사과정 중 관심이 생겨 논문을 쓰기 위해 국내
현황조사차 전남 해남에 노숙인 재활 복지시설 '희망원'이라는 곳을
찾아가보니 6.25 이후 헐벗고 병들어 신음하며 굶주리고 오갈 데 없
는 노인, 정신질환자, 장애인, 마약환자, 부랑인들을 보살피는 복지
시설이 있었고, 해남희망원은 6.25 전쟁이 끝난 1953년에 김정길 원
장이 설립했는데 젊었을 때 저지른 잘못을 개과천선하는 의미에서
불우한 사람을 모아 돕고 있었다고 한다.

이 사실이 세상에 알려져 영화화되었으며 이 영화를 본 부산대
국문학과 출신 임숙재 씨가 찾아와 보고 감명받아 바로 결혼을 하
였다고 한다. 이들은 함께 힘을 모아 가족같이 따뜻하게 보살피니
많은 식구들이 갱생하는데 도움을 주었다. 이때 도입한 프로그램이
비닐하우스를 짓고 작물을 재배시켰는데 기대 밖으로 다른 방법보
다 빨리 치유효과가 나타남을 발견하고 열심히 지도하고 있어 대단
히 반가웠다. 원예치유에 대한 정보나 전문지식이 없었지만 실제 경
험을 통해 터득한 지식으로 운영하고 있었다. 이 원고를 쓰며 궁금
해 해남희망원 홈페이지(http://www.jncsw.org/hnhmw/)에 들어가 보니
현재 65주년을 맞으며 보건복지부 최우수시설 표창을 받는 등 사업
도 확장되고 있어 반가웠다.

해남희망원 설립 65주년 기념행사(2018.5.3.)

해남희망원 재활프로그램: 해남신문

두번째로 찾아간 곳은 거제도에 위치하며 6.25 전쟁으로 피난 온 고아들을 위해 1952년 애광영아원을 개설한 후 거제애광원(http:// www.akw.or.kr)으로 발전되어 재활건물설계 전문가가 설계한 첨단시설을 운영하고 있으며, 바다가 내려다보이는 경치가 좋은 곳에 자리잡고 지적장애인들 재활을 위해 다양한 프로그램이 운영되고 있으며, 산하에 1980년 지적장애인 특수학교 거제애광학교(http://aik-wang-s.gne.go.kr)가 설립인가(정신지체아 초등부 2학급)를 받은 후 금년 2018년 2월 13일 유치 29회, 초등 33회, 중학 30회, 고등 27회, 전공 6회 졸업식을 거행했음을 찾아 볼 수 있다.

두 곳 모두 6.25로 인해 원예치유 프로그램을 운영하고 있어 미국 원예치유 등장과 더불어 6.25 전쟁이 만들어낸 결과로 우연이 아닌 것 같다.

또한 원예치유의 일환으로 향치유(aroma therapy)도 널리 보급되고 있는데 향치유는 기원전 이집트에서 시작되어 오늘날 독립된 치유 방법으로 사랑받고 있다. 식물을 다루는 육체적 원예활동을 통해 정신장애·신체재활·치매·정서안정 등을 약물 없이 건전하게 치유할 수 있음이 증명되면서 일부 의료기관에서도 원예치유사를 고용하고 있지만 좀더 문호를 개방하여야 할 것이다. 90년대 초에 고려대 대학원에서 원예치유를 지도했고 평생교육원에도 프로그램을 개설하여 지도했지만 원예치료사 자격을 획득한 사람들의 진로가 너무나 좁아 중단한 적이 있다.

바다가 보이는 거제애광원 전경(홈페이지)

지적장애인들의 원예활동을 통한 자력생활: 거제애광원

미국 원예치유 선구자 Relf 교수와 함께(1998)

32

삼림욕
Provides Forest Bathing

동서양을 막론하고 성자나 철인들은 숲속에서 명상을 통해 깨달음을 얻었고 숲이 육체·정신·영성에 중요함을 일깨워 주고 있다. 특히 미국인들이 존경하고 있는 쏘로우(Henry D. Thoreau, 1817~1862)는 세속을 떠나 숲속에서 오두막집을 짓고 생활하면서 '숲, 그것은 나만의 소우주이다'라고 말하며 친자연적 소박한 삶을 산데 대하여 존경하고 있는 것이다.

광의의 삼림욕은 '일본건강개발재단'에서 고령화시대를 대비하여 자연환경, 온천의학, 삼림보행 등을 종합적으로 고려한 '온천휴양시스템'을 실천적으로 연구하고, 온천휴양의 중요한 요소인 유산소운동(aerobic)을 개발·보급하면서 삼림욕으로 발전되었고, 협으로는 삼림 중의 피톤치드(phytoncides)들이 살균작용을 해 환자를 치료하는 데 도움이 된다는 자연요법의 일종이다.

침엽수 숲길은 삼림욕장; 월정사 입구

피톤치드를 가장 많이 배출하는 소나무 숲: 설악산

원예치유와 마찬가지로 1982년 여름 온천휴양 프로그램을 실천하고 있던 임야청(林野廳) 추산지영(秋山智英) 장관이 삼림을 내세워 '삼림욕'이 등장하게 되었다.

삼림욕을 제창한 추산지영 장관은 '삼림은 시원하고, 향기로운 내음이 나며, 푸르른 색깔과 수목의 아름다운 모습 등 사람의 마음을 끄는 매력이 있고, 또 피톤치드라는 휘발성 물질을 배출하여 살균작용이 있어 건강관리에 좋다. 따라서 심신을 숲속에 맡기고 삼림시설을 이용하여 쾌적하게 보행하고 즐기면서 남녀노소가 건강증진을 실천해 가며 삼림의 역할을 이해하고 보급하자'라고 주장한데서 비롯되었다.

식물이 살아남기 위해서는 미생물에 대해 저항하지 않으면 안 된다. 소련의 레닌그라드대학 토킹 박사가 그 저항물질을 피톤치드(phytoncide)라 처음 사용했는데 'phyton'은 식물, 'cide'는 죽인다는 라틴어다. 본격적으로 일본에서 피톤치드에 관한 연구가 활발해지면서 피톤치드를 가장 많이 배출하는 수종이 편백나무로 밝혀졌고 활엽수보다는 침엽수 군락에서 많은 피톤치드를 호흡할 수 있다는 것이다. 연구가 일본에서 수행됐기 때문에 일본의 주요 경제수종인 편백나무로부터 피톤치드가 가장 많이 배출된다고 보고했지만 우리나라 산림청 산하 산림치유연구사업단에서 발표한 자료에 의하면 소나무가 편백나무보다 4배나 많은 피톤치드가 발생된다는 보고가 있어 꽃가루 알레르기를 유발하는 외래수종 편백나무를 삼림욕용으로 식재한 것은 재고해야 될 것이다.

쏘로우가 산거했던 왈든 호수와 숲

깊은 산속은 최고의 삼림욕장: 설악산

숲속을 걷는 게 삼림욕; 벨기에 부르훼

33
사후 기여
Contributes after Death

식물은 자의반, 타의반 사후에도 인류를 위해 큰 혜택을 베푼다. 식물소재는 자연이기 때문에 몸에 잘 맞고 부작용도 없다. 생약, 의식주 소재를 비롯하여 기호 식자재도 제공해 준다.

생약(Produces Medicine)

선사시대부터 질병을 치료하려는 의료행위는 있어 왔고 기원전 280년경 고대 그리스의 『히포크라테스 전서』나 중국 춘추전국시대 집대성된 『황제내경(黃帝內經)』이 저술되며 질병을 객관적으로 다루는 치료법이 의학의 출발인 셈이다. 의성(醫聖) 구암 허준(龜巖 許浚, 1539~1615)은 『동의보감(東醫寶鑑)』에서 '의사는 병의 근원을 밝혀서

약초원; 영국 큐 궁(Kew Palace) 후원

통풍약으로 사용되는 크로커스(crocus); 영국 뉴카슬대 교정

서울에 월동되며 다양한 용도로 이용된 천년초: 서울 행주산성 근처

20여 종의 암에 특효약(SB 항암제)으로 각광받는 할미꽃

어디에서 병이 생겼는가를 알고 난 뒤에 식이요법으로 고치도록 하
고, 그것으로 안 될 때에 약을 쓰도록 한다'고 강조했듯이 약의 남
용은 건강을 해치는데 특히 화학약품은 부작용이 심해 주의해야
할 것이다. 현대의학에서 투여하는 대부분의 약은 화학적으로 제
조된 것으로 '병원의 약은 독이다'할 정도로 많은 비판을 받고 있
는 실정이다.

　요즘 유행하고 있는 허브(herb)는 일종의 생약으로 유럽에서는 서
로마 제국이 476년 멸망하자 유럽은 많은 전쟁으로 불안에 떨게 되
었다. 그후 암흑시대(dark age, 5~10세기)를 거쳐 15세기까지가　중세
시대(middle age, 5~15세기)를 거쳐 유럽인들이 마음의 위안을 얻고자
수도원(monastery for man, convent for woman)을 많이 찾게 되며 기독

허브가든을 운영한 정원; 일본

교사회의 수도승들은 수도원에서 나서 죽을 때까지 수도원에서 자급자족생활을 해야 했기 때문에 병을 치료하기 위해서 약초원(herb garden, physic garden)을 운영한데서 herb garden이 등장했으며 단순히 향을 얻기 위한 허브재배는 아니었다.

우리나라도 산업화가 되기 전 1960년대 이전만 해도 단독주택에서 뜰을 가지고 그곳에 텃밭을 가꾸며 서민들은 채소, 약초, 과수 등을 재배했고 사대부들은 상징성이 있는 식물을 재배했다.

궁궐에도 임금에 따라 궁원 관리가 달랐지만 연산군은 화려하게, 세종은 실용적으로 가꾸었고, 영국도 큐 가든 내 큐 궁(Kew Palace) 후원에 한쪽은 장식적 매듭화단, 한쪽에는 생산원으로 약초, 과수, 채소 등을 가꾸었으며, 호화로운 프랑스 베르사이유 궁에도 비운의 여왕으로 불리는 루이16세 부인 마리 앙뜨와네뜨는 궁원 구석지에 프랑스 농촌을 재현한 쁘티 크리아농을 조성하고 텃밭을 가꾸며 전원생활을 즐겼다.

염료(Dyes Cloth)

천염염료로 사용할 수 있는 식물은 50여 종이 있으며 매염재와 염색방법에 따라 100여 가지 색을 낼 수 있다고 한다. 식물염료는 식물의 잎, 꽃, 열매, 수피, 심재, 뿌리 등이 이용되는데 한 가지 색만 내는 단색성 염료와 매염재와 결합하여 다양한 색을 내는 다색성 염료로 나눌 수 있다. 일반적으로 사용되는 염료식물은 치자, 쪽, 꼭

두서니, 밤, 억새, 오배자, 상수리나무, 석류, 매실, 감, 소나무, 쑥, 차, 강황 등이 있다. 조선시대 관영수공업으로 청염장(靑染匠)을 두어 왕실과 관에서 필요한 염색을 담당했고 민가에도 마을단위와 개인수공업 형태로 염색을 했다.

치자는 꽃향기도 좋지만 옷과 음식의 적갈색 염료로 널리 이용되었고 쪽풀은 남색을 내는 대표적인 염료로 애용되었으며, 제주도에서는 물이 귀해 옷을 자주 빨 수 없어 서민들이 무명천에 생감 즙으로 염색을 하여 갈옷으로 입는데 감즙의 탄닌 성분으로 몸에 달라붙지 않아 즐겨 입고 있다.

염료로 사용되는 치자열매

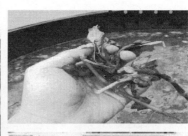
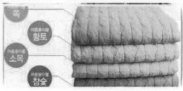

남색을 내는 쪽풀(www.obang.net)

기호품(Produces Favorite)

생활을 즐기기 위해 식사 외에 기호음료를 즐겼는데 대표적인 기호음료는 차가 대표적이라 할 수 있다. 우리나라 차 역사는 『삼국사기』 흥덕왕 3년(828) 12월조에 사신 대렴(大廉)이 당나라에 사신으로 다녀온 길에 차 종자를 가져와 하동 쌍계사 골짜기에 심었다고 전해지는데 그 전부터 다례(茶禮)에 관한 기록이 있고, 차나무(*Thea sinensis*) 생태로 보아 우리나라 월출산을 위시하여 남쪽에 자생했지 않을까 여겨지며 천착이 요구되는 사항이다.

초의가 1812년 그린 백운동도(상)와 다산초당도(하)

수많은 수목 가운데 차나무 잎을 채취하여 우려마시는 배경을 이 해해야 할 것이다. 차나무는 심근성(深根性) 수목으로 땅 속 깊이 뿌리가 발달되기 때문에 타 식물이 흡수하지 못하는 양분을 흡수함으로써 영물(靈物) 취급을 받았으며 해빙이 되어 새싹이 나올 곡우(穀雨) 전후 새잎을 채취하여 발효 농도에 따라 녹차, 백차, 황차, 홍차, 흑차로 구분하고 마시는데, 차인의 건강 상황에 따라 마시도록 하여야 한다. 즉 퇴계나 다산은 차가 독하기 때문에 건강하지 못한 노약자는 녹차를 마시지 말라 하였고, 퇴계는 몸이 약해 몸 관리에 특히 신경을 쓰며 청나라 황제들의 양생비법을 기록한『활인심(活人心)』을 구해 몸을 관리하며 본인의 경험담을 추가하여『활인심방(活人心方)』을 저술했는데 차가 몸에 해롭다고 기록하고 있어 오해를 불러일으킬 소지가 있다 하겠다.

퇴계같이 몸이 허약한 사람에게는 차가 해롭지만 건강한 사람에게는 열을 내리고 정신을 맑게 하여 '다선일매(茶禪一妹)'라 하여 불가 선방에서는 즐겨 마시고 있기 때문이다. 차는 차가운 성분이 강하기 때문에 몸이 허약하거나 장이 나쁜 사람, 불면증이 있는 사람은 몸에 맞는 발효차를 마시도록 해야 하는 것이다.

우리나라 차도를 대흥사 일지암에 머무른 초의선사(草衣禪師, 1786~1866)가『동다송(東茶頌)』과『다신전(茶神傳)』을 저술하여 개조로 알려지고 있으나 강진에 유배되어 다산초당에 머물던 다산 정약용(茶山 丁若鏞, 1762~1836)에게서 차도를 배웠다는 게 정설이다. 당시 다산은 뒷산 넘어 백련사 주지 혜장선사(1772~1811)와 6년 교유하며 차를 즐겼는데 다산은 한양에서 벼슬한 집안 출신으로 강진

에 유배되기 전에 한양에서 차를 마셨으며 초의는 다산을 만나 차
를 배웠다고 한다. 또한 영암 월출산 남쪽 기슭 백운동에 은거하고
있는 이담로(李聃老, 1627~1701)가 가꾼 백운동별서가 최근 발굴되
어 복원사업을 하고 있는데 본인이 내셔널트러스트 숨은 문화유산
찾기 운동에서 발굴하여 조사논문을 발표한 바 있고 뒤에 정민 교
수가 『강진백운동 별서정원』을 저술하여 세상 밖으로 나오고 있다.
이곳 이씨 집안에서 백운옥판차(白雲玉版茶)를 생산하고 있었고 다
산, 초의가 방문하여 1박하며 차를 즐겼고, 이곳을 동행했던 초의가
1852년에 〈백운동도〉를 그렸고 〈다산초당도〉도 그렸다.

일지암: 초의선사가 머무르며 『동다송(東茶頌)』을 저술한 곳

감미료(Produces Sweetener)

우리나라 사람은 당분섭취량이 하루 65.1g으로 세계보건기구 권고 기준인 50g을 초과하고 있다. 감미료 가운데 가장 질이 뛰어난 자연산 꿀은 벌이 밀원식물에서 꿀을 채취함으로써 인간이 얻게 되는데 밀원식물에 따라 성분과 맛이 다르며 약용, 식용으로 애용되고 있다. 고급 꿀을 생산하는 밀원식물로는 피나무, 싸리, 칠엽수, 밤나무 등이 있으며 아카시, 클로버 꿀은 대중적이다. 꿀은 위장, 당뇨, 이질, 간염, 위염, 구내염, 체력강화, 소화, 변비, 기침, 고혈압, 피로회복 등 다양한 효능이 있는데 그 효능이 잘 알려지지 않아 청소년들이 싫어하고 설탕을 과다 복용하는 우를 범하고 있다.

옷감(Supplies Fabric)

천연 옷감인 무명, 삼베, 모시, 비단 등으로 한복을 지어 입고 있는데, 가장 고급이 비단으로 한국산 비단은 외국에서도 그 품질을 인정받고 있으며, 실크로드(silk road)를 통해 중국의 비단이 중동에 수출된 것으로 전해지고 있지만 삼국시대 신라와 중동의 교역이 활발했고 신라산 비단이 중동으로 수출됐다는 기록이 있어 실크로드의 출발점이 중국 서안이 아니고 신라를 '양잠의 나라'고 '비단의 나라'로 불렸기 때문에 동쪽 경주로 수정해야 할 것이다.

양잠에 관한 기록은 중국 『삼국지 동이전』 마한조에 '누에를 치

고 비단을 짜서 옷을 해 입는다'라는 기록이 있으니 양잠의 역사
는 삼한시대 이전으로 거슬러 올라가며 고구려 동명왕, 백제 온조왕
때 농상(農桑)을 귀중하게 강조한 기록이 있고, 신라 박혁거세 17년
(40BC)에 임금이 직접 6부의 마을을 돌면서 누에치기를 독려한 기
록이 『삼국사기』에 나오고 있다. 고려시대에도 비단생산을 장려했으
며 조선시대에는 '비단입국' 기치를 들고 비단생산을 독려하며 명나
라에 비단을 조공으로 보냈으며, 세종 5년(1423) 관리가 임금에 올린
기록에 '뽕나무는 경복궁에 3,590주, 창덕궁에 1,000여 주, 밤섬에
8,280주가 있으니 누에 종자 2근 10냥을 먹일 수 있습니다'라고 기록
되어 있어 궁궐 내만이 아니고 궁궐 밖에도 뽕나무를 심게 했음을
알 수 있다. 창덕궁 뽕나무는 천연기념물로 지정됐으며, 성북동의 선
잠단지(先蠶壇址)는 조선 성종 2년(1471)에 축조된 곳이다.

먹거리(Supplies Foodstuff)

식물은 주식을 포함해 다양한 먹거리를 제공하고 있다.
근래 한국인도 육식을 과다하게 하면서 비만증이 크게 증가하고
있는데 인간의 치아 구조상 납작한 어금니는 채소 먹기에 적합하고,
날카로운 송곳니는 육식에 적합해 일주일에 한번쯤 육식을 하는게
적당하다고 한다. 특히 한국인들은 나물을 즐겨 먹으며 모든 식물의
새순은 독성이 없어 먹을 수 있으며, 된장쌈을 먹는 것은 된장이 간
을 맞춰주기도 하지만 살균작용을 하는 것으로 알려졌다.

고급 밀원인 싸리 꽃

고급 밀원인 피나무 꽃

고급 밀원 칠엽수 꽃

목재(Supplies Timber)

한옥뿐만 아니라 각 나라마다 건강에 좋은 목조주택을 선호하며 축조방식은 그 나라 기후에 맞게 물매가 만들어지고 있어, 비나 눈이 많이 오는 나라는 물매가 급하고 우리나라는 완만한 물매를 갖춘다. 국제적 추세가 국민소득이 30,000달러가 넘으면 국민의 80% 이상이 목재주택을 선호해 우리나라도 앞으로 목재 수요가 급증할 텐데 국토의 65%가 산인 나라에서 목재 자급률이 10%에 못 미치고 있어 심각한 수준이다. 산림청은 기후변화로 머지않아 소나무, 참나무류가 사라지는 한반도에 맞는 경제수종을 개발하여 하루 속히 자급에 대비해야 할 것이다. 한옥촌이 한국 사람에게 관광지가 된다는 아이러니가 발생하고 있으며 전주 한옥마을이나 서울 북촌마을 등이 관광객으로 주민들이 몸살을 앓고 있는 실정이다.

창덕궁 뽕나무(400년생, 천연기념물 제471호)

성북동 선잠단지(사적48호)

세익스피어 생가 후원의 뽕나무: 영국 Strarford-upon-Avon시

불가리아 카잔라크 박물관 뽕나무

한옥 텃밭: 남원 광한루

제주도 민속촌 텃밭

곡수(穀樹)였던 감나무

영국 큐 궁의 채소원

일본의 도시농업

온도가 낮은 영국에서 따뜻하게 한 벽(hot wall)에 심는 무화과: 큐 궁

루이16세 부인 앙트와 네트가 농촌 재현한 쁘띠뜨리아농(1987)

올리브 농장; 이태리 아씨시

목재기둥과 밀짚지붕의 영국 전통주택

카나다 목조 주택; 제스퍼 국립공원

목재로 지은 한옥의 위엄: 경복궁 근정전

하와이 민속 주택

사막의 흙집; 사우디 아라비아(1979)

34
공익적 가치
Activates Economy

생활주변에 식물을 심거나 산에 식재하여 얻을 수 있는 그 혜택은 엄청난데 그 가치를 경제적으로 계산해 보는 조경경제학(landscape economy)이 경제학의 세부전공으로 연구되고 있어 식물의 중요성을 재인식시키고 있다. 식물은 기계와 달리 존재 자체만으로 다양한 기능을 하며 지구환경과 인간에게 고르게 혜택을 선사하기 때문에 공공적인 존재라 할 수 있으며, 최근 서구에서는 도시에서 녹지를 녹색기반시설(green infra)라 일컬으며 도시생활에서 녹지는 절대적으로 필요한 기반시설로 인정하고 있다.

산림청에서 발표한 우리나라 산이 일 년에 베푸는 공익적 가치가 126조원으로 아래 그림과 같다. 다양한 기능에 엄청난 혜택을 주고 있는데 도시 숲의 공익적 가치도 분석하여 녹지의 중요성을 홍보할 필요가 있다 하겠다.

우리나라 산이 매년 제공하는 공익적 가치(산림청)

산업사회가 되면서 도시에 몰려드는 근로자들의 건강 회복을 위하여 도시공원을 조성하기 시작하면서 도시공원이 시민들의 휴식 장소로써 뿐만 아니라 지역경제에 크게 기여한다는 연구도 진행되고 있다. 센트럴 파크 보전협회(Central Park Conservancy)는 뉴욕 맨해튼에 센트럴 파크를 1858년부터 조성되기 시작해 150년 후 지난 후 공원이 뉴욕시에 미치는 경제적 가치를 분석한 자료(Valuing Central Park's Contributions to New Yorks's Economy, 2009)를 통하여 2007년 계산으로 경제활동에서 3억9천5백만 달러와 3,780명의 고용효과를 창출했고, 공원주변 부동산에 170억 달러에 해당하는 가치를 거두어 맨해튼 부동산의 8% 가량의 이익을 창출했다고 분석하였다.

또한 2007년 센트럴 파크를 찾은 사람이 2,500만 명으로 뉴욕을 찾은 사람의 1/5이 방문했으며, 공원주변에 102개의 호텔, 47개의 박물관이 들어섰고, 뉴욕시 호텔방의 37%를 공원주변 호텔이 차지했으며, 1박 숙박료가 400달러가 넘는 방의 78%를 차지하며 14,000명의 고용창출을 했다고 분석했다.

공원에는 58마일(약 111km)의 산책로, 조깅 코스, 자전거 도로, 놀러 스케이트 도로가 있으며, 29면의 야구장과 축구장, 30면 테니스 코트, 두면의 아이스링크, 보트장, 낚시장, 실내외 암벽등반장 등 충분한 레크리에이션 시설을 갖추고 있어 주변에 소재한 100개의 공·사립학교의 48,000여 명의 학생들이 이용하고 있다. 따라서 뉴욕시에 2007년 6억5천6백만 달러의 세금을 거두게 했다.

총면적이 843에이커(약 340,000㎡, 약 95만평)로 잔디밭 250에이커, 숲 136에이커, 수면 150에이커로 구성되어 있으며 26,000주 수목이 식재되어 있고, 9,000개의 벤치, 36개 교량, 21개 소의 어린이 놀이터가 구비되어 뉴욕의 허파 구실을 하며 시민들이 자랑스럽게 여기는 휴식공간으로 사랑을 받고 있다.

도심 속의 오아시스: 뉴욕 센트럴 파크(사진: Niall Kirkwood)

소결

　식물은 물리적 환경을 개선하여 하나밖에 없는 지구에서 인류의 생존을 책임지는 중요한 역할뿐만 아니라 삶의 질을 높여 주는 중요한 역할도 담당해 준다. 뿐만 아니라 기계같이 한 가지 역할만 담당하는 게 아니라 동시에 여러 가지 역할을 수행하며 부작용도 나타나지 않는다. 본래의 집인 자연을 떠나 콘크리트 숲에서 살아가고 있는 도시인들에게 자연을 되돌려 주어 몸과 마음을 추스르게 하는 역할도 해 준다. 특히 삶에 지친 도시인들에게 건강을 되찾게 하고 마음의 여유를 갖게 하며 내일 위하여 재충전을 시켜주는 역할도 담당한다.

결론

책 제목이 제시하듯이 왜 새 천년에는 식물이 주인공이 되어야 하는지를 지구환경적, 인문학적, 경제적 측면에서 문헌과 현장 사진을 통하여 확인해 봤다. 첨단과학이 빠른 속도로 발전하며 수명이 연장되고 편리한 세상에 살게 하고 있지만 막상 하나밖에 없는 지구는 중병을 앓고 있으며 지구수명이 얼마 남지 않았다는 불길한 예언을 쏟아내고 있다.

지구 수용력이 15~20억 명인데 100억에 가까운 인구가 살고 있어 과적된 것은 사실이지만 함께 살아가야 할 운명이니 최상의 방안은 절약생활이고, 차선책으로 공해를 유발하지 않으며 공동생활 수 있는 방안이 녹지를 최대한 확보하여 자연과 더불어 사는 세상을 만드는 것이다. 또한 기계에 의존해 살면서 인성이 삭막해지고 포악해져 만물의 영장으로서 제 역할도 못하고 있으니 현명한 동물(*Homo sapiens*)의 위치를 되찾자는 것이다.

뿐만 아니라 한 가지 식물은 앞에 언급한 33가지 역할을 부작용 없이 동시에 해줄 수 있기 때문에 한두 가지 기능밖에 못하면서 후유증이 큰 기계문명에서 벗어나 새 천년에는 식물을 주인공으로 삼아 지구를 살리고 삶의 질을 높이자는 것이다.

그러나 가장 중요한 점은 이론보다 실천이며, 식물의 중요성을 지구인들에게 인식시켜 녹색지구를 되찾는 임무수행이다.

부 록

식물이 중요한 역할을 하고 큰 기여를 하지만 식물 선정을 잘못하고 잘못 심으며 관리를 제대로 하지 못하면 소기의 목적을 달성할 수 없고 오히려 피해를 입을 수 있기 때문에 최소한의 지식은 습득해야 한다.

1

식물 선정
Knows Location

식물은 생물이기 때문에 각 식물이 잘 살 수 있는 환경이 다르고 식물을 잘 키우기 위해서는 각 식물의 생리·생태를 잘 파악하여 식재하여야 건강하게 제 수명까지 살 수 있다. 산 속의 식물들은 각 식물에 접합한 환경에서 자라고 있기 때문에 건강하게 자라고 있으며, 수평·수직적으로 적당한 위치를 점하며 자라고 있다. 자연수림 관찰을 통해 자연생태계의 법칙을 이해하는 것이 식재설계 공부의 지름길이다.

식재작업에서 우선 되는 사항이 적합한 식물선정인데 식재할 부지의 자연환경(온도·습도·강우량·일조량·토양·바람·습도 등)에 대한 정확한 자료를 조사. 분석하여 잘 자랄 수 있는 식물, 조경목적에 부합된 식물, 구입 가능한 식물 중 예비수종을 고른 후 상세설계로 발전시키면서 최종 식물을 선정하여 식재위치를 도면에 표현한다.

고산에 적응한 눈잣나무 군락: 설악산 대청봉~중청 사이

식재도면은 보통 1:300 축척을 이용하나 정원 같은 소규모 부지에는 축척을 1:100으로 확대한 도면을 이용하는 것이 바람직하고 수평적 식재간격은 각 식물이 최대로 컸을 때를 고려해야 하지만 당장의 효과도 고려하여 최대수폭의 절반 정도를 도면에 표시하고, 수직적인 식재분포는 단식. 군식. 합식 등의 상황에 따라 식재간격을 조절한다.

식재 위치선정에서 가장 실수하기 쉬운 점이 건물 가까이 큰나무(大喬木)을 심는 것인데 좁은 정원에는 대교목을 피하고 식재하고자 할 때는 대교목의 최대 수고만큼 떨어져 식재함으로써 피해를 입지 않도록 해야 한다. 또한 옥상·지하주차장 상부 등 인공지반에 식재할 경우는 고정·풍·설·이동 하중(荷重) 등을 고려하여 구조물에 피해가 발생하지 않도록 해야 한다.

또한 수종선정에 중요한 사항은 적지적수(適地適樹) 선정으로써 식물의 건강한 생육을 위한 생리·생태의 고려와 더불어 식재장소의 기능에 맞는 수종선정이다. 즉, 장소성(場所性, placeness)을 고려한 식재가 기본 필수 사항인데 식물 자체의 아름다움만 보고 선정하는 경우가 많아 개선되어야 할 점이다. 모든 장소는 용도에 맞게 역할을 해야 하고 그 역할을 잘 할 수 있도록 식재해야 한다.

2
심는 법
Wants Companion

인간사회도 좋은 사람끼리 함께해야 마음이 편하듯이(類類相從) 식물도 생명체이기 때문에 잘 어울려 사는 식물들이 있다. 식물도 한 가지만 심는 경우(單植)가 있지만 대개는 여러 식물을 섞어 심게 되는데 이 경우 짝짓기를 잘 해주는 것이 식물을 건강하게 키울 수 있다. 잘 어울려 사는 식물들을 친구식물(companion plant)라 하고 해답은 자연숲 속에 찾을 수 있다. 각 식물의 생리·생태가 달라 전문적인 지식이 요구되지만 일반인들은 산을 찾아 관찰함으로써 힌트를 얻을 수 있다.

식재 위치는 수평적·수직적으로 배치하는데 수평적 거리는 식물이 컸을 때를 감안하여 밀식이 되지 않도록 식재간격을 고려하고, 수직적 분포는 상·중·하목으로 구분하여 크게 크는 상목은 전체 경관의 골격이 되게 자리 잡고(structural planting), 맨 밑의 하목은 내

음성이 강한 지피식물이나 관목을 심고, 중간층에는 경관을 아름답게 꾸밀 수 있는 수종을 선정하여 배치한다.

친구식물로 구성된 인위적인 다층식재

식물은 질서를 지키며 제자리를 잡음; 설악산

짝짓기를 잘 하여 아름다운 경관 연출; 벨기에 브뤼허

소나무 밑에 잘 자라는 철쭉

3
식물관리
Needs Interest

식물을 잘 관리하려면 우선적으로 식물에 관심을 가져야 한다. 관심을 가짐으로써 다양한 정보를 얻을 수 있고 식물을 사랑하게 되기 때문이다. 좁은 정원에 심거나 넓은 공간의 조경을 할 때 식재를 할 경우 가장 우선 둬야 할 사항이 관리문제이다. 아무리 설계를 잘하고 초기 당시 잘 심었어도 세월이 가면서 관리를 제대로 하지 못하면 잡초만 무성하든지 천덕꾸러기가 되어 부담이 된다. 가급적 관리가 쉬운 식물을 선정하고 잘 어울려 살 수 있도록 배치하며 애정을 가지고 관리하도록 한다.

관리 중 도태되거나 상태가 좋지 못한 식물은 제거하고 보식을 해주고 취향이 바뀜에 따라 부분적이나 전체적으로 재 식재를 할 수 있다. 식재에도 시대적 흐름을 따르는데 20세기 초반까지는 아름다움을 창출하기 위한 식재를 하였고 20세기 년대 중반에는 지구환경

말끔한 잔디밭 대신 풀밭 조성: 벨기에 브뤼허

문제가 국제적으로 화두가 되면서 생태적 식재를 강조했으며, 20세기 후반부터는 국제경기가 하락하면서 생산적 식재(productive planting)로 바뀌고 있다.

생산적 식재는 정원이나 조경부지에 식재할 수종이 기본적으로 아름다워야 하지만 열매나 꽃, 잎, 가지, 줄기 등이 쓸모가 있는 식물을 선정하여 식재를 하고 있다. 특히 아파트 단지의 경우 종래 단독주택에 살다가 편이를 위해 모여 살게 되는 공간인데 단독주택에 살 때의 정취나 추억을 고려하여 텃밭에 가꾸었던 민속식물이나 채소, 약초, 과수 등을 식재하여 아름다운 경관도 조성하면서 수확의 기쁨도 누릴 수 있는 배려가 필요하다. 현 추세와 같이 지나치게 비싼 수목이나 적응이 잘 안 되는 수목을 무리하게 심지 말도록 하여야 한다. 특히 말끔하게 관리하는 잔디밭 조성은 관리가 어렵기 때문에 자연스런 풀밭(meadow)으로 가꾸는 경향이다(lawnless garden).

4
추천 정원식물 100종
Recommends 100 Plants

1. 정원에 심을 수 있는 조경수목 70종

1. 개나리

수종명	개나리 / 연교(連翹)
학명	*Fosythia koreana*
원산지	한국
성상	낙엽활엽관목(수양형)
생리·생태	약산성, 양수
특징	꽃(3월), 한국특산식물(산개나리)
재배	전국
섞어심기	미선나무, 고광나무, 조팝나무, 찔레나무
용도	울타리, 염료, 약용
비고	미국개나리, 만리화, 산개나리

2. 구상나무

수종명	구상나무 / 제주백회(濟州白檜)
학명	*Abies koreana*
원산지	한국
성상	상록침엽교목(원추형)
생리·생태	중성, 양수
특징	열매(6월), 한국특산식물
재배	전국(해발 500m 이상 산지)
섞어심기	눈향나무, 섬매발톱나무, 섬노린재나무
용도	크리스마스트리, 분재, 건축재
비고	열매의 색에 따라 흑, 청, 적 구상

3. 귤나무

수종명	귤나무(온주밀감) / 밀감(蜜柑)
학명	*Citrus unshiu*
원산지	인도
성상	상록활엽소교목(원정형)
생리·생태	중성, 양수
특징	열매(6월)
재배	제주도
섞어심기	동백나무, 치자나무, 서향, 돈나무
용도	약용, 유실수
비고	광귤나무, 유자나무

4. 꽃복숭아

수종명	꽃복숭아(만첩홍도화) / 도목(桃木)
학명	*Prunus persica* for. *rubroplena*
원산지	중국
성상	낙엽활엽소교목(원정형)
생리·생태	약산성, 양수
특징	꽃(4월) 겹꽃, 잎보다 꽃이 먼저 핌
재배	전국
섞어심기	앵도나무, 자두나무, 배나무, 사과나무
용도	약용, 관상수, 포인트 식재
비고	복사나무, 산복사나무, 금산 홍도화축제

5. 남천

수종명	남천(南天)
학명	*Nandina domestica*
원산지	중국
성상	반상록활엽관목(부채형)
생리·생태	중성, 음양수
특징	꽃(6월), 열매(9월)
재배	남부지방 및 제주도
섞어심기	실유카, 후피향나무, 백당나무, 백정화
용도	약용, 중부이북―실내조경용
비고	뿔남천(*Mahonia japonica*)

6. 노각나무

수종명	노각나무 / 금수목(錦繡木)
학명	*Stewartia koreana*
원산지	한국
성상	낙엽활엽교목(타원형)
생리·생태	약산성, 음양수
특징	꽃(6월), 수피
재배	중부이남
섞어심기	철쭉, 때죽나무, 함박꽃나무, 윤노리나무
용도	가구재, 포인트 식재
비고	한국특산식물

7. 능소화

수종명	능소화(凌霄花)
학명	*Campsis grandifolia*
원산지	중국
성상	낙엽활엽만경목(만경형)
생리·생태	중성, 양수
특징	꽃(8월)
재배	중부이남
섞어심기	배롱나무, 모감주나무, 자귀나무
용도	염료, 약용, 관상용
비고	파고라, 옹벽, 방음벽, 절개지 미화

8. 다정큼나무

수종명   다정큼나무 / 차륜매(車輪梅)
학명   *Raphiolepis indica var. umbellata*
원산지   한국, 일본, 대만, 중국, 베트남, 필리핀
성상   상록활엽관목(구형)
생리·생태   중성, 음양수
특징   꽃(4월)
재배   남부해안가 및 제주도
섞어심기   사철나무, 꽝꽝나무, 댕강나무, 쥐똥나무
용도   생울타리, 염료
비고   상록활엽수림의 하목 자생

9. 담쟁이덩굴

수종명   담쟁이덩굴 / 지금(地錦)
학명   *Parthenocissus tricuspidata*
원산지   한국, 일본, 대만
성상   낙엽활엽만경목(만경형)
생리·생태   중성, 음양수
특징   단풍(9월)
재배   전국
섞어심기   소나무
용도   옹벽, 절개지 미화
비고   미국담쟁이

10. 단풍나무

수종명   단풍나무 / 단풍(丹楓)
학명   *Acer palmatum*
원산지   한국, 일본
성상   낙엽활엽교목(원정형)
생리·생태   중성, 음양수
특징   단풍(9월)
재배   전국
섞어심기   산딸나무, 누리장나무, 쪽동백나무
용도   가구재, 염료, 중층부 식재
비고   홍단풍, 수양단풍, 중국단풍, 복자기

11. 대나무

수종명	대나무(왕대)
학명	*Phyllostachys bambusoides*
원산지	한국, 중국
성상	상록활엽교목(원통형)
생리·생태	중성, 양수
특징	수피, 댓잎소리
재배	중부이남
섞어심기	병꽃나무, 산수국, 둥굴레
용도	약용, 식용(죽순), 자재용
비고	오죽, 신이대, 조릿대

12. 대추나무

수종명	대추나무 / 조목(棗木)
학명	*Zizyphus jujuba* var. *inermis*
원산지	한국, 중국
성상	낙엽활엽교목(타원형)
생리·생태	약산성, 양수
특징	열매(10월)
재배	중부이남
섞어심기	감나무, 호두나무, 탱자나무, 뽕나무
용도	약용, 유실수, 조각재
비고	갯대추, 멧대추

13. 돈나무

수종명	돈나무 / 해동화(海桐花)
학명	*Pittosporum tobira*
원산지	한국, 중국, 대만, 일본
성상	상록활엽관목(구형)
생리·생태	중성, 음양수
특징	꽃(5월) 향기, 열매(10월)
재배	남부해안가 및 제주도
섞어심기	곰솔, 사철나무, 우묵사스레피나무
용도	약용, 밀원식물
비고	해안가 공원-정원수

14. 동백나무

수종명	동백나무 / 산차(山茶)
학명	*Camellia japonica*
원산지	한국, 중국, 대만, 일본
성상	상록활엽교목(원정형)
생리·생태	약산성, 음양수
특징	꽃(1월)
재배	남부지방 및 제주도
섞어심기	때죽나무, 참빗살나무, 광나무, 사철나무
용도	약용, 염료(잎, 열매), 기름(씨앗), 가구재
비고	애기동백, 삼색-오색-칠색동백

15. 등나무

수종명	등나무 / 등(藤)
학명	*Wisteria floribunda*
원산지	한국, 일본, 중국
성상	낙엽활엽만경목(만경형)
생리·생태	약산성, 양수
특징	꽃(5월)
재배	전국
섞어심기	아까시나무, 불두화, 작약
용도	파고라, 옹벽, 방음벽, 절개지 미화
비고	흰등나무

16. 마삭줄

수종명	마삭줄 / 아주락석(亞洲絡石)
학명	*Trachelospermum asiaticum*
원산지	한국, 일본, 대만
성상	상록활엽만경목(만경형)
생리·생태	약산성, 음양수
특징	꽃(5월)
재배	남부지방 및 제주도
섞어심기	곰솔, 산수국, 참꽃나무
용도	약용, 관상용, 바위-큰키나무와 식재
비고	백화등

17. 매자나무

수종명	매자나무 / 세엽소벽(細葉小檗)
학명	*Berberis koreana*
원산지	한국
성상	낙엽활엽관목(부채형)
생리·생태	중성, 음양수
특징	꽃(5월), 열매(9월), 한국특산식물
재배	전국
섞어심기	산딸나무, 층층나무, 고광나무, 국수나무
용도	생울타리, 관상용, 새순식용
비고	당매자나무, 일본매자나무, 매발톱나무

18. 매화나무

수종명	매화나무 / 매(梅)
학명	*Prunus mume*
원산지	중국
성상	낙엽활엽교목(원정형)
생리·생태	약산성, 양수
특징	꽃(3월)향기-잎보다 먼저 핌, 열매(7월)
재배	중부이남
섞어심기	살구나무, 자두나무, 감나무, 산수유
용도	약용, 식용(열매), 밀원식물, 유실수
비고	홍매, 중엽매, 수지매, 설중매, 원앙매

19. 머루덩굴

수종명	머루덩굴 / 산포도(山葡萄)
학명	*Vitis coignetiae*
원산지	한국, 일본
성상	낙엽활엽만경목(만경형)
생리·생태	약염기성, 음양수
특징	열매(10월), 단풍(10월)
재배	전국
섞어심기	다래
용도	약용, 식용(열매), 파고라
비고	포도, 까마귀머루, 새머루

20. 멀구슬나무

수종명	멀구슬나무 / 동(楝)
학명	*Melia azedarach*
원산지	중국, 대만, 말레이시아, 인도
성상	낙엽활엽교목(원정형)
생리·생태	중성, 음양수
특징	꽃(5월) 열매(9월)
재배	남부지방 및 제주도
섞어심기	말오줌때, 아왜나무, 다정큼나무
용도	약용, 건축재, 밀원식물
비고	해안조경 속성수

21. 명자나무

수종명	명자나무 / 산당화(山棠花)
학명	*Chaenomeles speciosa*
원산지	중국
성상	낙엽활엽관목(부채형)
생리·생태	중성, 음양수
특징	꽃(4월)
재배	전국
섞어심기	고광나무, 병꽃나무, 가침박달
용도	생울타리, 약용
비고	풀명자

22. 모감주나무

수종명	모감주나무 / 난화(欒花)
학명	*Koelreuteria paniculata*
원산지	한국, 중국, 일본
성상	낙엽활엽교목(원정형)
생리·생태	약염기성, 양수
특징	꽃(7월), 열매(9월)
재배	전국
섞어심기	곰솔, 소사나무, 해당화
용도	약용, 염료(꽃-잎), 염주(씨앗)
비고	해안방풍림, 공원-정원수

23. 모과나무

수종명	모과나무 / 목과(木瓜)
학명	*Chaenomeles sinensis*
원산지	중국
성상	낙엽활엽교목(원정형)
생리·생태	중성, 양수
특징	열매(9월) 향기, 수피
재배	전국
섞어심기	살구나무, 자두나무, 아그배나무
용도	약용, 유실수
비고	명자나무

24. 모란

수종명	모란 / 목단(牧丹)
학명	*Paeonia suffruticosa*
원산지	중국
성상	낙엽활엽관목(구형)
생리·생태	중성, 양수
특징	꽃(5월), 품종에 따라 다양한 화색
재배	전국(내륙지방)
섞어심기	앵도나무, 병아리꽃나무, 화살나무
용도	약용, 염료(잎)
비고	작약

25. 목련

수종명	목련(木蓮)
학명	*Magnolia kobus*
원산지	한국, 일본
성상	낙엽활엽교목(원정형)
생리·생태	중성, 음양수
특징	꽃(3월) 잎보다 먼저 핌
재배	전국
섞어심기	철쭉, 단풍나무, 마가목, 가막살나무
용도	약용, 가구재
비고	백목련, 자목련, 별목련, 함박꽃, 태산목

26. 목서

수종명	목서(木犀)
학명	*Osmanthus fragrans*
원산지	일본
성상	상록활엽관목(타원형)
생리·생태	중성, 음양수
특징	꽃(9월) 향기
재배	남부지방 및 제주도
섞어심기	호랑가시나무, 동백나무, 치자나무
용도	생울타리, 차폐식재
비고	금목서, 구골목서, 박달목서

27. 무궁화

수종명	무궁화 / 목근(木槿)
학명	*Hibiscus syriacus*
원산지	한국, 중국, 인도
성상	낙엽활엽관목(부채형)
생리·생태	중성, 양수
특징	꽃(8월), 국화(國花)
재배	전국
섞어심기	배롱나무, 자귀나무, 석류나무, 석류나무
용도	약용, 생울타리, 관상수
비고	국내원예품종(단심계, 배달계, 아사달계)

28. 박태기나무

수종명	박태기나무 / 소방목(蘇方木)
학명	*Cercis chinensis*
원산지	중국
성상	낙엽활엽관목(부채형)
생리·생태	중성, 양수
특징	꽃(4월) 잎보다 먼저 핌
재배	전국
섞어심기	골담초, 명자나무, 옥매, 황매화
용도	약용, 염료, 생울타리
비고	팥꽃나무(*Daphne genkwa*): 해안지역

29. 배롱나무

수종명	배롱나무 / 자미화(紫薇花)
학명	*Lagerstroemia indica*
원산지	중국
성상	낙엽활엽교목(원정형)
생리·생태	약산성, 양수
특징	꽃(7월), 수피
재배	중부이남
섞어심기	자귀나무, 나무수국, 능소화
용도	약용, 염료, 관상수
비고	흰배롱나무, 오색배롱나무

30. 백량금

수종명	백량금(百兩金)
학명	*Ardisia crenata*
원산지	한국, 일본, 중국, 말레이시아
성상	상록활엽소관목(부채형)
생리·생태	중성, 음양수
특징	열매(9월)
재배	남해도서 및 제주도
섞어심기	천선과나무, 상산, 상동나무
용도	약용, 상록수림 하부수종, 중부 실내조경
비고	만냥금, 산호수, 자금우

31. 백리향

수종명	백리향(百里香)
학명	*Thymus quinquecostatus*
원산지	한국, 일본, 중국
성상	낙엽활엽소관목(포복형)
생리·생태	중성, 음양수
특징	꽃(7월)
재배	전국의 암석지대(석회암 지대 선호)
섞어심기	만병초, 정향나무, 물레나물
용도	향료, 약용, 암석원 식재수종
비고	섬백리향

32. 버드나무

수종명	버드나무 / 유목(柳木)
학명	*Salix koreensis*
원산지	한국, 일본, 중국
성상	낙엽활엽교목(원정형)
생리·생태	약산성, 양수
특징	이른 봄 새순, 비보림–방수림 수종
재배	전국
섞어심기	신나무, 물푸레나무, 오리나무, 갈참나무
용도	약용, 밀원수종, 가구재, 하천녹화용
비고	왕버들, 수양버들, 용버들, 갯버들

33. 벚나무

수종명	왕벚나무 / 염정길야앵(染井吉野櫻)
학명	*Prunus yedoensis*
원산지	한국
성상	낙엽활엽교목(원정형)
생리·생태	중성, 양수
특징	꽃(4월) 잎보다 먼저 핌, 한국특산식물
재배	전국(제주도 자생)
섞어심기	귀룽나무, 수수꽃다리, 목련
용도	가구재, 식이식물
비고	산벚나무, 겹벚나무, 수양벚나무

34. 병꽃나무

수종명	병꽃나무 / 당양로(唐楊櫨)
학명	*Weigela subsessilis*
원산지	한국
성상	낙엽활엽관목(부채형)
생리·생태	중성, 음양수
특징	꽃(5월), 한국특산식물
재배	전국
섞어심기	철쭉, 진달래, 백당나무, 쉬땅나무
용도	낙엽수림 하목, 생울타리, 절개지 복원
비고	삼색병꽃, 붉은병꽃, 노랑병꽃, 서양병꽃

35. 불두화

수종명	불두화(佛頭花)
학명	*Viburnum opulus* for. *hydrangeoides*
원산지	한국
성상	낙엽활엽관목(원정형)
생리·생태	중성, 음양수
특징	꽃(5월) 무성화
재배	전국
섞어심기	서부해당화, 산사나무, 모란, 병꽃나무
용도	관상수
비고	백당나무

36. 사스레피나무

수종명	사스레피나무 / 령(柃)
학명	*Eurya japonica*
원산지	한국, 일본, 중국, 대만, 인도
성상	상록활엽관목(부채형)
생리·생태	중성, 음양수
특징	열매(9월) 보라색 〉검은색
재배	남부지방 및 제주도
섞어심기	멀구슬나무, 다정큼나무, 참식나무
용도	약용, 생울타리, 염료(열매), 절개지 녹화
비고	우묵사스레피나무

37. 사철나무

수종명	사철나무 / 정목(柾木)
학명	*Euonymus japonica*
원산지	한국
성상	상록활엽관목(구형)
생리·생태	중성, 음양수
특징	열매(10월) 식이식물
재배	전국
섞어심기	쥐똥나무, 눈주목, 명자나무
용도	약용, 생울타리, 방화수
비고	황금사철, 줄사철

38. 산딸나무

수종명	산딸나무 / 사조화(四照花)
학명	*Cornus kousa*
원산지	한국, 일본, 중국
성상	낙엽활엽교목(원정형)
생리·생태	중성, 음양수
특징	꽃(5월), 열매(10월), 수피
재배	전국(내륙지방)
섞어심기	층층나무, 가막살나무, 작살나무, 쉬땅나무
용도	조각재, 공원-정원수
비고	미국산딸나무

39. 산수유

수종명	산수유(山茱萸)
학명	*Cornus officinalis*
원산지	중국
성상	낙엽활엽교목(원정형)
생리·생태	중성, 양수
특징	꽃(3월) 잎보다 먼저 핌, 열매(9월)
재배	전국(내륙지방)
섞어심기	감나무, 살구나무, 앵도나무, 구기자
용도	약용, 유실수
비고	구례, 이천 산수유 축제

40. 살구나무

수종명	살구나무 / 행수(杏樹)
학명	*Prunus armeniaca* var. *ansu*
원산지	중국
성상	낙엽활엽교목(원정형)
생리·생태	중성, 양수
특징	꽃(3월) 잎보더 먼저 핌, 열매(7월)
재배	전국
섞어심기	매화나무, 복사나무, 자두나무, 석류나무
용도	약용, 식용, 유실수, 밀원식물
비고	개살구나무

41. 석류나무

수종명	석류나무 / 석류(石榴)
학명	*Punica granatum*
원산지	이란, 파키스탄, 지중해 연안
성상	낙엽활엽소교목(원정형)
생리·생태	중성, 양수
특징	꽃(6월), 열매(9월)
재배	전국
섞어심기	대추나무, 감나무, 포도나무
용도	약용, 유실수
비고	꽃석류나무, 애기꽃석류나무

42. 소나무

수종명	소나무 / 적송(赤松)
학명	*Pinus densiflora*
원산지	한국, 중국, 일본
성상	낙엽침엽교목(원추형)
생리·생태	산성, 양수
특징	수피, 목재
재배	전국(내륙지방), 해안지역은 곰솔식재
섞어심기	철쭉, 진달래, 싸리나무
용도	약용, 식용, 건축재
비고	반송, 곰솔, 백송, 잣나무, 섬잣나무

43. 송악

수종명	송악 / 상춘등(常春藤)
학명	*Hedera rhombea*
원산지	한국, 일본, 대만
성상	상록활엽만경목(만경형)
생리·생태	중성, 음양수
특징	열매(5월)
재배	중부 해안가, 남부지방 및 제주도
섞어심기	팔손이, 식나무, 해당화, 곰솔
용도	약용, 사료, 담장, 절개지 녹화
비고	아이비

44. 수수꽃다리

수종명	수수꽃다리 / 자정향(紫丁香)
학명	*Syringa oblata* var. *dilatata*
원산지	한국
성상	낙엽활엽관목(부채형)
생리 · 생태	약염기성, 음양수
특징	꽃(4월) 향기
재배	전국
섞어심기	명자나무, 사철나무, 조팝나무
용도	약용, 관상수
비고	정향나무, 꽃개회나무

45. 식나무

수종명	식나무 / 청목(靑木)
학명	*Aucuba japonica*
원산지	한국, 일본, 중국, 대만
성상	상록활엽관목(구형)
생리 · 생태	중성, 음양수
특징	열매(10월), 식이식물
재배	남부지방 및 제주도
섞어심기	사스레피나무, 돈나무, 비쭈기나무
용도	약용, 실용, 생울타리, 중부—실내조경용
비고	금식나무

46. 아왜나무

수종명	아왜나무 / 산호수(珊瑚樹)
학명	*Viburnum odoratissimum* var. *awabuki*
원산지	한국, 일본, 중국, 대만, 필리핀
성상	상록활엽교목(타원형)
생리 · 생태	중성, 음양수
특징	꽃(6월), 열매(9월)
재배	남부지방 및 제주도
섞어심기	먼나무, 분단나무, 참빗살나무
용도	생울타리, 방화용, 차폐용, 방풍용
비고	Viburnum(가막살나무속)

47. 야자나무

수종명	야자나무(카나리야자)
학명	*Phoenix canariensis*
원산지	카나리아제도
성상	상록침엽교목(원정형)
생리·생태	중성, 양수
특징	수형
재배	제주도
섞어심기	워싱턴야자, 종려야자, 소철
용도	공원-정원수, 가로수
비고	종려야자, 워싱턴야자

48. 앵도나무

수종명	앵도나무 / 앵도(櫻桃)
학명	*Prunus tomentosa*
원산지	중국
성상	낙엽활엽관목(부채형)
생리·생태	중성, 양수
특징	꽃(4월), 열매(6월) 열매중 가장 먼저 익음
재배	전국(내륙지방)
섞어심기	석류나무, 살구나무, 자두나무, 모과나무
용도	유실수, 약용, 생울타리
비고	이스라지, 풀또기

49. 영춘화

수종명	영춘화(迎春花)
학명	*Jasminum nudiflorum*
원산지	중국
성상	낙엽활엽관목(수양형)
생리·생태	약산성, 양수
특징	꽃(3월) 잎보다 먼저 핌
재배	중부이남
섞어심기	조팝나무, 미선나무, 찔레나무
용도	옹벽, 절개지 상단부 식재
비고	햇가지- 녹색

50. 오동나무

수종명	오동나무 / 오동목(梧桐木)
학명	*Paulownia coreana*
원산지	한국
성상	낙엽활엽교목(원정형)
생리·생태	중성, 양수
특징	꽃(5월), 목재
재배	전국
섞어심기	엄나무, 붉나무, 누리장나무
용도	약용, 염료, 가구재, 마을숲 주연부 식재
비고	벽오동(*Firmiana simplex*)

51. 옻나무

수종명	옻나무 / 칠목(漆木)
학명	*Rhus verniciflua*
원산지	중국
성상	낙엽활엽교목(타원형)
생리·생태	중성, 음양수
특징	수액(옻칠), 단풍(9월)
재배	전국
섞어심기	산초나무, 두릅나무, 밤나무
용도	약용, 실용(옻칠), 마을숲 주연부 식재
비고	개옻나무, 붉나무, 검양옻나무

52. 으아리

수종명	으아리 / 위령선(威靈仙)
학명	*Clematis terniflora* var. *mandshurica*
원산지	한국, 중국
성상	낙엽활엽만경목(만경형)
생리·생태	중성, 음양수
특징	꽃(6월)
재배	중부이남
섞어심기	오미자, 인동덩굴, 으름덩굴, 청미래덩굴
용도	약용, 식용(새순), 마을숲 주연부 식재
비고	큰꽃으아리, 클레마티스 원예종 다양

53. 인동덩굴

수종명	인동덩굴 / 인동금은화(忍冬金銀花)
학명	*Lonicera japonica*
원산지	한국, 일본, 대만, 중국
성상	반상록활엽만경목(만경형)
생리·생태	중성, 음양수
특징	꽃(6월)
재배	전국
섞어심기	노박덩굴, 으름덩굴, 오미자
용도	약용, 절개지 사면, 척박지 식재
비고	붉은인동

54. 자귀나무

수종명	자귀나무 / 합환수(合歡樹)
학명	*Albizia julibrissin*
원산지	한국, 일본, 중국, 대만
성상	낙엽활엽교목(부채형)
생리·생태	약산성, 양수
특징	꽃(7월), 잎
재배	중부이남
섞어심기	배롱나무, 아까시나무, 찔레나무
용도	약용, 식용, 척박지 식재
비고	왕자귀나무

55. 자두나무

수종명	자두나무 / 이(李)
학명	*Prunus salicina*
원산지	중국
성상	낙엽활엽교목(원정형)
생리·생태	중성, 양수
특징	꽃(3월) 잎보다 먼저 핌, 열매(7월)
재배	전국(내륙지방)
섞어심기	살구나무, 복사나무, 모과나무
용도	약용, 유실수
비고	자엽자두, 서양자두, 열녀목

56. 장미

수종명	장미(薔薇)
학명	*Rosa hybrida*
원산지	서아시아
성상	낙엽활엽관목(부채형)
생리·생태	중성, 양수
특징	꽃(6월) 향기
재배	전국
섞어심기	자귀나무, 배롱나무, 무궁화
용도	약용, 오일(꽃잎), 방향제
비고	찔레나무, 원예종 다양

57. 주목

수종명	주목(朱木)
학명	*Taxus cuspidata*
원산지	한국, 일본, 중국
성상	상록침엽교목(원추형)
생리·생태	약산성, 음양수
특징	열매(9월), 수피
재배	전국
섞어심기	철쭉, 함박꽃나무, 마가목, 노린재나무
용도	약용, 생울타리, 토피어리, 건축재
비고	눈주목, 황금주목

58. 쥐똥나무

수종명	쥐똥나무 / 여정(女貞)
학명	*Ligustrum obtusifolium*
원산지	한국, 중국
성상	낙엽활엽관목(부채형)
생리·생태	중성, 음양수
특징	꽃(4월) 향기, 열매(9월) 식이식물
재배	전국
섞어심기	병꽃나무, 사철나무, 무궁화, 명자나무
용도	약용, 생울타리, 밀원식물, 숲 가장자리
비고	광나무, 왕쥐똥나무

59. 차나무

수종명	차나무 / 다(茶)
학명	*Camellia sinensis*
원산지	중국
성상	상록활엽관목(부채형)
생리·생태	중성, 음양수
특징	꽃(4월), 잎
재배	남부지방 및 제주도
섞어심기	동백나무, 사스레피나무, 쥐똥나무
용도	약용, 차(잎), 기름(열매), 생울타리
비고	상록활엽수림 반음지 하목으로 자생

60. 철쭉

수종명	철쭉 / 척촉(躑躅)
학명	*Rhododendron schlippenbachii*
원산지	한국, 중국, 일본
성상	낙엽활엽관목(부채형)
생리·생태	산성, 음양수
특징	꽃(4월)
재배	전국
섞어심기	소나무, 단풍나무, 진달래, 싸리나무
용도	약용
비고	산철쭉, 영산홍, 대왕철쭉, 홍황철쭉

61. 치자나무

수종명	치자나무 / 치자(梔子)
학명	*Gardenia jasminoides*
원산지	일본, 중국, 대만
성상	상록활엽관목(부채형)
생리·생태	약산성, 음양수
특징	꽃(6월) 향기, 열매(9월)
재배	남해도서 및 제주도
섞어심기	금목서, 수국, 다정큼나무
용도	약용, 염료(열매), 향료(꽃)
비고	꽃치자나무

62. 탱자나무

수종명	탱자나무 / 지귤(枳橘)
학명	*Poncirus trifoliata*
원산지	중국
성상	낙엽활엽소교목(원정형)
생리·생태	중성, 음양수
특징	꽃(5월), 열매(10월) 향기
재배	중부이남
섞어심기	사철나무, 쥐똥나무, 명자나무, 무궁화
용도	약용, 방향제, 생울타리
비고	천연기념물 78호, 79호(강화도)

63. 팔손이

수종명	팔손이 / 팔각금반(八角金盤)
학명	*Fatsia japonica*
원산지	한국, 일본
성상	상록활엽관목(구형)
생리·생태	중성, 음양수
특징	잎, 내음성이 강함
재배	남해도서 및 제주도
섞어심기	식나무, 사스레피나무, 산수국, 통탈목
용도	약용, 염료, 상록수림의 하목식재
비고	중부지방 −실내조경용

64. 피라칸타

수종명	피라칸타 / 착엽화극(窄葉火棘)
학명	*Pyracantha angustifolia*
원산지	중국
성상	상록활엽관목(타원형)
생리·생태	중성, 음양수
특징	꽃(5월), 열매(10월) 식이식물
재배	남부지방 및 제주도
섞어심기	광나무, 꽃댕강나무, 호랑가시나무
용도	약용, 생울타리, 분재
비고	중부지방−실내조경용

65. 향나무

수종명	향나무 / 원백(圓柏), 향목(香木)
학명	*Juniperus chinensis*
원산지	한국, 중국, 몽고, 일본
성상	상록침엽교목(원추형)
생리·생태	약염기성, 양수
특징	수형
재배	전국(내륙지방)
섞어심기	측백나무, 회양목, 단풍나무
용도	약용, 향료, 가구재, 분재, 생울타리
비고	눈향나무, 가이즈까향나무, 옥향나무

66. 해당화

수종명	해당화(海棠花)
학명	*Rosa rugosa*
원산지	한국, 중국, 일본
성상	낙엽활엽관목(부채형)
생리·생태	중성, 양수
특징	꽃(5월), 열매(9월)
재배	전국
섞어심기	해안가: 곰솔, 소사나무, 순비기나무
용도	약용, 생울타리, 실용(장미유)
비고	노랑해당화, 만첩해당화

67. 호랑가시나무

수종명	호랑가시나무 / 묘아자(描兒刺)
학명	*Ilex cornuta*
원산지	한국, 중국
성상	상록활엽소교목(원정형)
생리·생태	중성, 양수
특징	열매(12월)
재배	중부해안, 남부지방 및 제주도
섞어심기	동백나무, 모감주나무, 차나무
용도	약용, 생울타리, 밀원식물
비고	완도호랑가시(한국특산식물), 감탕나무

68. 화살나무

수종명	화살나무 / 위모(衛矛)
학명	*Euonymus alatus*
원산지	한국, 중국, 일본
성상	낙엽활엽관목(부채형)
생리·생태	중성, 음양수
특징	단풍(10월) 초가을 이른시기에 단풍
재배	전국
섞어심기	조팝나무, 쥐똥나무, 개나리
용도	약용, 식용(잎), 생울타리
비고	회잎나무

69. 황매화

수종명	황매화(黃梅花)
학명	*Kerria japonica*
원산지	일본, 중국
성상	낙엽활엽관목(수양형)
생리·생태	중성, 음양수
특징	꽃(4월~5월) 개화기간 김, 녹색줄기
재배	전국(내륙지방)
섞어심기	병아리꽃나무, 박태기나무, 명자나무
용도	약용, 관상수
비고	죽단화(겹꽃)

70. 회양목

수종명	회양목 / 황양목(黃楊木)
학명	*Buxus microphyla* var. *koreana*
원산지	한국
성상	상록활엽관목(구형)
생리·생태	염기성, 음양수
특징	목재
재배	전국(석회암지대 자생)
섞어심기	측백나무, 화살나무, 국수나무
용도	생울타리, 목판, 도장
비고	천연기념물 459호(여주 영릉)

2. 정원에 적합한 초본류 30종

〈봄화단에 어울리는 꽃(3월~5월)〉

1. 금어초

수종명	금어초(金魚草)
학명	*Antirrhinum majus*
원산지	남유럽, 북아프리카
성상	추파 일년초
생리·생태	중성, 양수
특징	꽃(4월~5월) / 봄파종: 꽃(5월~7월)
재배	전국
섞어심기	디기탈리스, 루피너스, 라넌큘러스
꽃말	참견, 고백
비고	적색, 주황색, 백색, 황색

2. 금잔화

수종명	금잔화(金盞花)
학명	*Calendula arvensis*
원산지	남유럽
성상	추파 일년초
생리·생태	중성, 양수
특징	꽃(4월~5월) / 봄파종: 꽃(6월~8월)
재배	전국
섞어심기	양지꽃, 과꽃, 데이지
꽃말	겸손, 인내
비고	황색, 주황색

3. 루피너스

수종명	루피너스 / Lupine
학명	*Lupinus polyphyllus*
원산지	북서아메리카
성상	추파 일년초
생리·생태	중성, 양수
특징	꽃(3월~6월)
재배	전국
섞어심기	대극, 디기탈리스, 금어초
꽃말	모성애, 탐욕, 공상
비고	흰색, 자주색, 핑크색 등

4. 백합

수종명	백합 / Madona Lily
학명	*Lilium longiflorum*
원산지	지중해연안
성상	다년초
생리·생태	중성, 양수
특징	꽃(5월~6월)
재배	전국
섞어심기	초롱꽃, 붓꽃, 우단동자꽃
꽃말	순결, 변함없는 사랑
비고	관상용, 절화용

5. 수선화

수종명	수선화 / 수선(水仙)
학명	*Narcissus tazetta var. chinens*
원산지	지중해연안
성상	다년초
생리·생태	중성, 양수
특징	꽃(2월~4월)
재배	전국
섞어심기	튤립, 무스카리, 금낭화, 할미꽃
꽃말	고결, 신비, 자기사랑, 자존심
비고	화색에 따른 다양한 원예품종

6. 양귀비

수종명	양귀비(개양귀비) / 우미인초(虞美人草)
학명	*Papaver rhoeas*
원산지	유럽
성상	추파 이년초
생리·생태	중성, 양수
특징	꽃(5월~6월)
재배	전국
섞어심기	수레국화, 끈끈이대나물
꽃말	주홍: 덧없는 사랑 / 붉은색: 위로, 위안
비고	화색에 따른 다양한 원예품종

7. 작약

수종명	작약(芍藥)
학명	*Paeonia lactiflora*
원산지	중국
성상	다년초
생리·생태	중성, 양수
특징	꽃(5월~6월)
재배	전국
섞어심기	자주달개비, 붓꽃, 금계국
꽃말	수줍음
비고	백작약, 적작약, 호작약, 참작약 등

8. 튤립

수종명	튤립 / Tulip
학명	*Tulipa gesneriana*
원산지	터키
성상	다년초
생리·생태	중성, 양수
특징	꽃(4월~5월)
재배	전국
섞어심기	수선화, 히아신스
꽃말	적색: 사랑의고백 / 보라색: 영원한사랑
비고	화색에 따른 다양한 원예품종

9. 팬지

수종명	팬지 / Pansy
학명	*Viola tricolor* var. *hortensis*
원산지	유럽
성상	추파 일년초
생리·생태	중성, 양수
특징	꽃(3월~4월), 내한성이 좋음
재배	전국
섞어심기	수선화, 제비꽃, 데이지, 유채꽃
꽃말	사색, 나를 생각해주세요.
비고	화색에 따른 다양한 원예품종

《여름화단에 어울리는 꽃(6월~8월)》

10. 다알리아

수종명	다알리아 / Dahlia
학명	*Dahlia pinnata*
원산지	멕시코
성상	다년초
생리·생태	중성, 양수
특징	꽃(7월~8월)
재배	전국
섞어심기	풍접초, 겹삼입국화, 낮달맞이꽃
꽃말	감사, 우미, 화려, 영화, 불안정
비고	화색에 따른 다양한 원예품종

11. 맨드라미

수종명	맨드라미 / 계관화(鷄冠花)
학명	*Celosia argentea* var. *cristata*
원산지	인도
성상	춘파 일년초
생리·생태	중성, 양수
특징	꽃(7월~8월)
재배	전국
섞어심기	도라지, 패랭이꽃, 달맞이꽃, 잇꽃
꽃말	영생, 시들지 않는 사랑
비고	촛불맨드라미

12. 메리골드

수종명	아메리칸 메리골드(천수국) / Marigold
학명	*Tagetes erecta*
원산지	멕시코
성상	춘파 일년초
생리·생태	중성, 양수
특징	꽃(7월~8월)
재배	전국
섞어심기	프록스, 백일홍, 맨드라미, 과꽃
꽃말	반드시 오고야 말 행복
비고	프렌치 메리골드(만수국, *Tagetes patula*)

13. 셀비어

수종명	셀비어 / Salvia
학명	*Salvia splendens*
원산지	지중해연안, 멕시코
성상	춘파 일년초
생리·생태	중성, 양수
특징	꽃(7월~8월)
재배	전국
섞어심기	콜레우스, 금계국, 풍접초
꽃말	불타는 마음
비고	밀원식물, 잎(요리)

14. 상사화

수종명	상사화(相思花)
학명	*Lycoris squamigera*
원산지	한국
성상	춘파 일년초
생리·생태	중성, 음양수
특징	꽃(7월~8월), 잎이 지고 꽃이 핌
재배	전국
섞어심기	석산, 범부채, 참나리, 터리풀
꽃말	이룰 수 없는 사랑
비고	백양꽃(한국특산식물)

15. 원추리

수종명	원추리 / 훤초(萱草)
학명	*Hemerocallis fulva*
원산지	한국, 중국, 일본
성상	다년초
생리·생태	중성, 양수
특징	꽃(7월~8월), 새순을 나물로 먹음
재배	전국
섞어심기	비비추, 옥잠화, 동자꽃, 산오이풀
꽃말	기다리는 마음
비고	왕원추리, 각시원추리, 노랑원추리

16. 접시꽃

수종명	접시꽃 / 촉규화(蜀葵花)
학명	*Althaea rosea*
원산지	중국
성상	춘파 이년초
생리·생태	중성, 양수
특징	꽃(6월~9월)
재배	전국
섞어심기	닥풀, 목화, 봉숭아, 한련화
꽃말	단순한 사랑, 편안, 다산, 풍요
비고	겹꽃, 붉은색, 흰색 / 원예종 다양

17. 채송화

수종명	채송화(菜松花)
학명	*Portulaca grandiflora*
원산지	브라질
성상	춘파 일년초
생리·생태	중성, 양수
특징	꽃(7월~10월)
재배	전국
섞어심기	꿩의비름, 분꽃, 비비추
꽃말	순진, 천진난만, 가련
비고	붉은색, 노란색, 흰색, 겹꽃 등

18. 칸나

수종명	칸나
학명	*Canna generalis*
원산지	인도
성상	다년초
생리·생태	중성, 양수
특징	꽃(6월~9월)
재배	전국
섞어심기	글라디올러스, 꽃범의꼬리
꽃말	행복한 종말, 존경
비고	노랑칸나, 물칸나

19. 페튜니아

수종명	페튜니아
학명	*Petunia hybrida*
원산지	남아메리카
성상	춘파 일년초
생리·생태	중성, 양수(건조에 잘 견딤, 과습에 약함)
특징	꽃(6월~7월)
재배	전국
섞어심기	제라늄, 일일초, 금불초, 아프리카봉선화
꽃말	마음의 평화
비고	겹페튜니아, 무늬페튜니아

20. 해바라기

수종명	해바라기 / 향일규(向日葵)
학명	*Helianthus annuus*
원산지	중앙아메리카
성상	춘파 일년초
생리·생태	중성, 양수
특징	꽃(8월~9월)
재배	전국
섞어심기	원추천인국, 자주루드베키아, 과꽃
꽃말	숭배, 기다림
비고	겹해바라기

〈가을화단에 어울리는 꽃(9월~10월)〉

21. 과꽃

수종명	과꽃 / 취국(翠菊)
학명	*Callistephus chinensis*
원산지	한국, 일본, 만주
성상	춘파 일년초
생리·생태	중성, 양수
특징	꽃(8월~10월)
재배	전국
섞어심기	벌개미취, 천일홍, 솔체꽃, 메리골드
꽃말	믿음직한 사랑, 추억
비고	화색에 따른 다양한 원예품종

22. 구절초

수종명	구절초(九節草)
학명	*Dendranthemazawadskii* var. *latil-obum*
원산지	한국, 일본, 중국, 시베리아
성상	다년초
생리·생태	중성, 양수
특징	꽃(9월~11월)
재배	전국
섞어심기	산국, 층꽃풀, 미역취, 벌개미취
꽃말	순수, 어머니의 사랑
비고	약용

23. 국화

수종명	국화(菊花)
학명	*Chrysanthemum morifolium*
원산지	중국
성상	다년초
생리·생태	중성, 양수
특징	꽃(9월~11월)
재배	전국
섞어심기	
꽃말	흰색:진실, 감사 / 노랑:짝사랑 / 적색:사랑합니다
비고	화색에 따른 다양한 원예품종

24. 벌개미취

수종명	벌개미취
학명	*Aster koraiensis*
원산지	한국
성상	다년초
생리·생태	중성, 양수
특징	꽃(6월~10월)
재배	전국
섞어심기	구절초, 쑥부쟁이, 감국, 자주솜방망이
꽃말	너를잊지않으리, 그리움, 청초
비고	한국특산식물

25. 산국

수종명	산국(山菊)
학명	*Dendranthema boreale*
원산지	한국, 일본, 중국, 대만
성상	다년초
생리·생태	중성, 양수
특징	꽃(9월~10월)
재배	전국
섞어심기	벌개미취, 구절초, 산비장이, 큰꿩의비름
꽃말	순수한 사랑
비고	감국 / 약용, 식용(새순)

26. 쑥부쟁이

수종명	쑥부쟁이
학명	*Aster yomena*
원산지	한국, 일본, 중국, 시베리아
성상	다년초
생리·생태	중성, 양수
특징	꽃(7월~10월)
재배	전국
섞어심기	마타리, 층꽃풀, 큰꿩의비름, 감국
꽃말	기다림, 그리움
비고	약용, 식용[새순: 자채(紫菜)]

27. 천일홍

수종명	천일홍(千日紅)
학명	*Gomphrena globosa*
원산지	열대아메리카
성상	춘파 일년초
생리·생태	중성, 양수
특징	꽃(7월~10월)
재배	전국
섞어심기	용담, 벌개미취, 메밀꽃
꽃말	매혹, 변치 않는 사랑
비고	붉은색, 보라색, 분홍색, 흰색

28. 코스모스

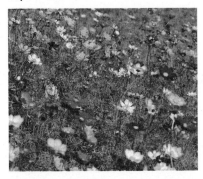

수종명	코스모스 / 추영(秋英)
학명	*Cosmos bipinnatus*
원산지	멕시코
성상	춘파 일년초
생리·생태	중성, 양수
특징	꽃(7월~10월)
재배	전국
섞어심기	가우라, 풍접초, 금계국
용도	소녀의 순정
비고	노랑코스모스

29. 털머위

수종명	털머위 / 연봉초(蓮逢草)
학명	*Farfugium japonicum*
원산지	한국, 일본, 중국, 대만
성상	다년초(상록)
생리·생태	중성, 음양수
특징	꽃(9월~10월)
재배	남부지방 및 제주도
섞어심기	해국, 갯패랭이, 갯기름나물
용도	한결같은 마음, 다시 찾은 사랑
비고	약용, 식용(엽병)

〈겨울화단에 어울리는 꽃(11월~2월)〉

30. 꽃양배추

수종명	꽃양배추 / ornamental kale
학명	*Brassica oleracea* var. *botrytis*
원산지	북유럽
성상	춘파 일년초
생리·생태	중성, 양수
특징	잎(11월~1월) 기온이 내려가면 착색
재배	중부이남
섞어심기	수호초, 크로커스
용도	겨울정원 관상수종
비고	환엽종(丸葉種), 축면종(縮面種)

참고문헌

甘承熹(1994). 韓國茶生活叢書, 韓國茶生活敎育院.

강판권(2003). 공자가 사랑한 나무, 장자가 사랑한 나무, 민음사.

강훈·곽병화·심우경(1990). 서울市內 아파트 室內造景植物利用의 最近變化에 관한 調査硏究, 한
　　　국조경학회지 18(1): 1~8.

강희안/이병훈 역(2000). 양화소록, 을유문화사.

고규원(2018). 나무가 말하였네; 옛시, 마음산책.

고려대학교 민속문화연구원(2001). 한국민속의 세계1~10.

고정희(2012). 식물, 세상의 은밀한 지배자-식물에 새겨져 있는 문화 바코드 읽기, 나무도시.

구진혁·심우경(1997)· 농촌지역에서의 생물서식공간 조성기술의 개발(1)-잠자리 서식환경을 중심
　　　으로, 한국조경학회지 25(1).

국립민속박물관(2014). 한국 문화의 원형을 찾아서-01 무속의 현장.

국립민속박물관(2014). 한국 문화의 원형을 찾아서-02 신령의 유물.

국립수목원(2009). 한반도 민속식물Ⅰ~.

국찬·김선우·심우경(1990). 造景植物의 道路交通騷音 減衰機能에 關한 基礎硏究(Ⅰ), 한국조경학
　　　회지 18(3): 1~9.

김광진(2015). 김광진 박사의 만화로 보는 공기정화식물 = Air purifying plants [전자책] 생각쉼표 휴
　　　먼컬처아리랑.

김규원·김수진·심우경(2008). 보성 강골마을의 공간적 특성과 생태·문화경관, 한국전통조경학회
　　　지 26(3): 54~65.

김규원·심우경(2015). 17세기 이후 장흥 寶林寺의 경관요소 해석, 한국전통조경학회지 33(1).

김낙필(2000). 조선시대의 내단사상, 한길사.

김민경·심우경(2010). 식생 군집분석과 종간친화력 분석을 통한 서울형 다층구조 식재모델 제안, 한
　　　국조경학회지 38(4): 106~126.

金盛良大(1993). 東洋의 神仙思想, 無窮花.

김송아·이광우·심우경(2001). 학교운동장 녹화를 위한 야생초 활용방안, 한국인간·식물·환경학

회지 4(3): 21~30.

김수진·박정임·심우경(2010). 전통마을 공동체 공간의 문화경관 해석, 한국전통조경학회지 28(4): 14~27.

김수진·정해준·심우경(2006). 강진 백운동(白雲洞) 별서정원에 관한 기초 연구, 한국전통조경학회지 24(4): 51~61.

김수진·정해준·심우경(2007). 전통마을 공동체적 공간의 의미해석 - 전남 영광군 효동마을을 중심으로-, 한국전통조경학회지 25(3): 94~105.

김현준·심우경(2007). 「동궐도(東闕圖)」에 나타난 식재 현황 및 특징 분석, 한국전통조경학회지 25(2): 141~154.

內務部(1984). 保護樹誌.

노송호·박승자·심우경(2006). 향교 및 서원의 공간별 상징수목과 배식유형, 한국전통조경학회지 24(1): 1~12.

노송호·심우경(2006). 향교(鄕校)와 서원(書院)의 입지 및 외부공간 분석을 통한 한국적 교육환경 모색, 한국전통조경학회지 24(4): 25~37.

농촌진흥청(2008). 새집증후군 해소를 위한 식물의 기능성 탐색 및 이용기술 개발, 농촌진흥청.

渡「達三(1990). 魅惑の花蓮, 日本公園綠地協會.

劉守明 外(1991). 養花治病, 上海科學技術出版社.

柳重林(1997). 山林經濟, 솔출판사.

陸羽 金明培 譯(1982). 茶經, 태평양박물관.

李德雄(2007). 植物風水, 廣東旅遊出版社.

李時珍/其宗 外 編(2001) 本草綱目 上·下, 宗敎文化出版社.

민미혜·심우경(1994). 전통한옥과 현대주택에 있어서 실내조경의 비교연구, 한국조경학회지 22(2).

박경이·심우경(2010). 숲을 활용한 교육이 정신지체학생의 부적응행동에 미치는 영향, 한국조경학회지 38(5): 64~79.

박권우(2007). 허브 및 아로마테라피, 선진문화사.

潘少平(편집, 2003). 佛敎の植物, 中國社會科學出版社.

배상선·심우경(1989). 造景植物의 象徵性에 關한 基礎硏究, 한국정원학회지 8(1): 1~33.

(사)전국귀농운동본부텃밭보급소(2015). 도시농업, 들녘.

서정근·이종석·곽병화·곽혜란·이애경(2000). 원예치료학, 단국대학교출판부.

신성규·권영휴·심우경(2001). 週末農場의 空間 모델개발과 活性化 方案: 서울시 근교를 중심으로, 한국인간·식물·환경학회지 4(2): 11~20.

신세균·윤종선·심우경(2003). 연의 ITS 염기 서열분석에 의한 유연관계분석, J. Kor. Soc. Hort. Sci. 44(4): 451~457.

신세균·윤종선·심우경·김정선(2002). RAPD를 이용한 연 수집종의 분류 및 유연관계 분석, 한국원예학회지 2002(3): 127~127.

신세균·윤종선·심우경·박천호(2002). 우리나라 자생연의 ITS 영역 염기서열 분석에 의한 계통분류, 한국원예학회지 2002(6): 121~121.

신원섭(2005). 치유의 숲, 지성사.

심우경 역/Theodore Osmundson(2000). 옥상정원(Roof Garden)-역사·설계·시공·관리, 보문당.

심우경(1980). 중동조경에 관한 연구, 고려대 농림논집 5: 20~35.

심우경(1984). 學校의 屋外環境 改善을 爲한 造景學的 基礎硏究 (1): (光州市 學校 環境의 槪況과 植栽를 中心으로), 한국조경학회지 11(2): 155~181.

심우경(1985). 學校公園에 關한 基礎硏究, 한국여가레크리에이션학회지 2: 24~34.

심우경(1988). 造景配植 設計에 關한 硏究(1): 樹種選定을 中心으로, 한국조경학회지 15(3): 1~10.

심우경(1991). 조경식물과 정신건강, 조경수 5(11).

심우경(1991). 韓國 保護樹의 象徵的 價値 및 保護 對策, 한국정원학회지 9(1): 91~104.

심우경(1998). 植物 象徵性을 활용한 道德敎育, 한국식물·인간·환경학회지 1(1): 34~46[부록].

심우경(1999). 위대한 조경가 옴스테드의 역정, 환경과 조경 11월호.

심우경(2002). 植物·人間·環境, 한국인간·식물·환경학회지 5(1):1~.

심우경(2003). 한국전통조경에서 연꽃의 활용 고찰, 한국정원학회지 21(4): 72~8.

심우경(2004). 도시의 인공지반 녹화 ; 외국의 인공지반 녹화제도, 도시문제 39(425): 47~54.

심우경(2006). 조선후기 지식인들이 선호한 조경식물과 조경문화, 한국실학연구 12: 91~120

심우경(2008). 식물역할의 총합적 고찰, 한국인간식물환경학회 춘계학술발표대회.

심우경(2011). 차와 정원문화를 일깨워 주신 雲汀 韓 鳥 선생님-내 인생의 스승, 茶人 1~2월호, 한국차인연회.

심우경(2013). 21세기 식물의 역할-문화다양성을 중심으로, 한국인간식물환경학회, 춘계학술논문발표.

심우경(2015). 한국인은 녹차를 마셔야 된다, 茶人 7~8호.

심우경(2016). 도시 공동체 회복을 위한 민속공간 조성방안, 한국민속학회 2106년도 상반기 학술대회 자료집.

심우경(2016). 산은 푸르기만 하면 될까, 서울경제(2016.10.13.).

심우경·김경희(1998). 學敎造景이 學生들의 環境 親和的 態度에 미치는 影響, 한국인간·식물·환경학회지 1(2): 25~41.

심우경·박주성·정용조(2010). 廣寒樓苑에 內在된 想像環境要素, 한국전통조경학회지 28(1): 38~48.

심우경·서성철(1988). 서양풍수에 관한 기초연구, 전남대 새마을연구 8: 11~32.

심우경·신세균(1992). 보호수의 관리실태 및 보호대책: 충청북도 영동군 , 보은군을 중심으로, 한국전통조경학회지 10(2): 61~90 .

심우경·윤태·김영호·윤철구·신세균(2004). 연꽃의 개화 전후 꽃의 내부 온도변화에 관한 연구, 한국원예학회지 2004(5): 87~87.

심우경·이광우·안창연(2001). 효율적인 생물서식공간을 위한 인공부도 조성기법 개발, 한국환경복원기술학회지 4(2): 84~91.

심우경·이동익(2001). 조경식재공간에서 다층식재의 실태분석, 한국전통조경학회지 29(1): 140~151.

심우경·이진희·정이원(1999). 濟州道 傳統民家庭苑의 特徵, 한국정원학회지 17(3): 1~15.

심우경·정성혜(1995). 植物景觀의 治癒效果, 고려대 자연자원과학연구 3.

심우경·진시현·이광우(2000). 초등학교 교정내 생태원 조성기법, 한국인간·식물·환경학회지 3(1):1~16.

심우경·허선혜 옮김/데이비드 트레시(2012). 도시농업(Urban Agriculture)-도시농업이 도시의 미래를 바꾼다, 미세움.

안병철·심우경(2008). 전통마을 방죽의 환경생태적 가치 분석: 원터마을과 도래마을을 중심으로, 한국전통조경학회지 36(3): 66~77.

안형재(2009). 매화를 찾아서, 한국매화연구원.

岩崎輝雄/辛在萬 譯(1990). 森林浴-숲의 健康法, 강원대학교 출판부.

야스민·미하엘 라이트/박원영 옮김(2005). 나무의 힘-나무는 사람과 통한다, 태동출판사.

오대민 외(2006) 도시농업-자연과의 만남으로 나와 세상을 치유, 학지사.

웅진출판(1991). 한국민족문화대백과사전.

이 선(2006). 韓國 傳統造景植栽-우리와 함께 살아 온 나무와 꽃, 수류산방.중심.

이광우·심우경(2001). 휴경지를 활용한 나비원 조성계획;월악산 골뫼마을을 중심으로, 한국인간·식물·환경학회지 4(4): 7~16.

이상희(1992). 우리 꽃문화 답사기, 넥서스.

이상희(1998). 꽃으로 보는 한국문화1, 넥서스.

이상희(1998). 꽃으로 보는 한국문화2, 넥서스.

이상희(1998). 꽃으로 보는 한국문화3, 넥서스.

이상희(2002). 매화, 넥서스.

이숙미·심우경(1994). 都市의 壁面綠化를 爲한 壁面植生 調査硏究: 서울市를 中心으로, 한국조경학회지 22(1): 121~134.

이승민·심우경(2000). 한국 전통주택의 실내조경 요소에 관한 연구, 한국실내조경협회 2: 25~31.

이영선(2008). 내 손으로 꾸미는 실내조경 = Interior landscape, 프로방스.

이은숙·심우경(2004). 여가로서 그룹 원예활동이 독거여성노인의 고독감과 생활만족도에 미치는 영향, 한국인간·식물·환경학회지 7(3): 31~37.

이종석·김일중·심우경(1982). 우리나라의 造景植物 利用傾向에 關한 硏究, 한국조경학회지 7(1): 1~11.

이진희(1993). 室內造景植物의 SO₂ 淨化能, 視覺的 選好度 및 스트레스 解消效果에 關한 硏究, 고려대학교 박사학위논문.

이혜진·심우경(2001). 원예치료가 치매치유에 미치는 영향, 한국인간·식물·환경학회지 4(2): 45~53.

이혜진·안창연·심우경(2000). 원예치료를 통한 정신분열증 환자와 일반인들의 우울성 비교, 한국인간·식물·환경학회지 3(4): 25~30.

이황/이윤희 역(2006). 활인심방, 예문서원.

임혁성·심우경(2005). 노거수의 문화경관 가치와 조경적 활용: 천연기념물 노거수를 중심으로, 한국전통조경학회지 23(1): 94~101.

정민(2015). 강진 백운동 별서정원, 글항아리.

정성혜·심우경(1992). 식물이 정신건강에 미치는 영향에 관한 기초 연구 -정신박약자에 미치는 영향을 중심으로-, 한국조경학회지 20(1): 69~79.

정성혜·심우경(1995). 한국전통정원에 대한 경관선호에 관한 비교 문화적 연구, 한국조경학회지 23(2).

정영선(1995). 한국의 茶文化, 너럭바위.

정영선(2000). 다도철학, 너럭바위.

정우진·심우경(2012). 조선시대 궁궐 후원 農耕地 조영의 특성, 한국조경학회지 40(4).

정우진·심우경(2013). 조선 후기 회화작품에 나타난 翠屛의 특성, 한국전론조경학회지 31(4).

정우진·심우경(2014). 취병의 조성방법과 창덕궁 주합루 취병의 원형규명, 문화재 47(2).

정유진(2012). 박정희 정부기 문화재 정책과 민속신앙, 역사민속학(39); 175~213.

정재서(2005). 불사의 신화와 사상, 민음사.

정재은·심우경(2001). 老人의 園藝活動參與에 따른 餘暇 및 生活滿足度의 關係, 한국인간·식물·환경학회지 4(1): 17~25.

諸岡 存·家入一雄/金明培 譯(1991). 朝鮮의 茶와 禪, 保林社.

趙永貨 外(2001). 養生花卉, 農村讀物出版社.

朱剛玄·張正龍(1993). 朝鮮땅 마을지킴이, 열화당.

지재호(2018). 공원 없는 지역, 여름 더 뜨겁고 길다. 한국조경신문 2018년 4월 13일자.

陳櫻宇(2000). 道教與養生, 「文出版社.

차혜연·심우경(1999). 학교공원제도 도입에 관한 연구-서울시 강동구 강덕초등학교와 고덕중학교를 중심으로, 한국인간식물환경학회지 2(1).

草衣 張意恂·金斗萬 譯(1982). 東茶頌. 茶神傳, 태평양박물관.

崔圭用(1978). 錦堂茶話, 錦堂茶寓.

최영전(1991). 한국민속식물, 아카데미서적.

沈愚京(1978). 樹木없는 都市?, 한국조경학회지 11: 93~95[부록 첨부].

토마스 파켄엄/전영우 옮김(2004). 세계의 나무(Remarkable Trees of the World)-경이로운 대자연과의 만남, 넥서스.

패트리스 부샤르동/박재영 옮김(2003). 나무의 치유력(The Healing Energy of Trees), 이채.

韓國文化象徵辭典編纂委員會(1992). 韓國文化상징사전, 東亞出版社.

韓國文化象徵辭典編纂委員會(1996). 韓國文化상징사전2, 두산동아.

한의택 목사(2003). 성경에 나타난 동식물 상징, 예루살렘.

허선혜·심우경(2012). 조선시대 궁원 내 親蠶문화의 배경과 공간적 특징, 한국전통조경학회 30(3); 12~20.

흘랜더·커크우드·골드/심우경 옮김(2011). 브라운필드 재생기술-오염된 땅의 정화. 설계. 재이용, Principles of Brownfield Regeneration, 대가.

Albert Galloway Keller(1916) Societal Evolution-A Study of the Evolutionary Basis of the Science of Society, The Macmillan Company.

American Society of Landscape Architects Foundation(1977) Landscape Planning for Energy Conservation, Environmental Design Press.

■

Anne Simon Moffat, Marc Schiler, and The Staff of Green Living(1994) Energy-efficient and Environ-
    mental Landscaping- Cut Your Utility Bills by up to 30 Percent and Create a Natural, Healthy
    Yard, Appropriate Solutions Press.
Barbara Ward & Rene Dubos(1972) Only One Earth-The Care and Maintenance of a Small Planet,
    Penguin Books.
Bill Mollison and Reny Mia Slay(1997) Introduction to Permaculture, Tagari Publications.
Bob and Liz Gibbons(1990) Creating a Wildlife Garden-How to turn Your Garden into a Wildlife
    Haven, Hamlyn.
Brian Clouston(editor, 1996) Landscape Design with Plants, The Landscape Institute.
Brian Hackett(1979) Planting Design, McGraw-Hill.
Bron Taylor(2010) Dark Green Religion-Nature Spirituality and the Planetary Future, University of
    California Press.
Carl G. Liungman(1991) Dictionary of Symbols, Norton.
Carole Guyett(2015) Sacred Plant Initiations-Communicating with Plants for Healing and Higher Con-
    sciousness, Bear & Company.
Central Park Conservancy(2009) Valuing Central Parks' s Contribution to New York City' s Economy,
    Apple Seed.
Charles A. Lewis(1996) Green Nature/Human Nature, University of Illinois Press.
Christopher K. Chapple, et al(editors, 2000) Hinduism and Ecology, CSWR.
Chung Sung-hye · P. D. Relf · Sim Woo-kyung(1999) Effects of Horticultural Therapy Program and
    Optimal Horticultural Activities for People with Traumatic Brain Injuries, Towards a New Mil-
    lennium in People-Plant.
Chung Sung-hye · P. D. Relf · Sim Woo-kyung(1999) Therapeutic Effects of Horticultural Therapy
    and design Guidelines for Therapeutic Gardens, Towards a New Millennium in People-Plant
    Relationships, International People-Plant Symposium, Sydney1998, University of Technology,
    Sydney, Printing Services, pp.282~291.
Clare Cooper Marcus, Marni Barnes(1999) Healing Garden-Therapeutic Benefits and Design Recom-
    mendations, John Wiley & Sons.
David George Haskell(2018) The Songs of Trees-Stories from Nature' s Great Connectors, Penguin
    Books.
David Kinsley(1995) Ecology and Religion-Ecological Spirituality in Cross-Cultural Perspective, Pren-
    tice Hall.
Diane Relf(editor, 1992) The Role of Horticulture in Human Well-being and Social Development,
    Timber Press.
Dieter T. Hessel, et al(editors, 2000) Christianity and Ecology, CSWR.
Donald A. Crosby(2003) A Religion of Nature, State University of New York Press.
Eliot Cowan(2014) Plant Spirit Medicine-A Journey into the Healing Wisdom of Plants, Sounds True.
Ernst and Johanna Lehner(1960) Folklore and Symbolism of Flowers, Plants and Trees with over 200 Rare

and Unusual Floral Designs and Illustrations, Dover.

Fred Hagender(2004) The Meaning of Trees—Botany. History. Healing. Lore, Chronicle Books.

Frederick Law Olmsted(1852) Walks and Talks of an American Farmer in England, G.P.Putnam.

Gang Chen(2007) Planting Design, Outskirts Press.

Gang Chen(2010) Planting Design, Outskirts Press.

Gary O. Robinette(1972) Plants, People, and Environmental Quality—A Study of Plants and Their Environmental Functions, U. S . Dept. of Interior, National Park Service.

Gordon A. Bradley(editor, 1995) Urban Forest Landscaping—Integrating Multidisciplinary Perspectives, University of Washington Press.

Graham Harvey(2006) Animism—Respecting the Living World, Columbia University Press.

Green Patriot Working Group(2008) 50 Steps to Save the Earth from Global Warming, Freedom Pr. Inc.

Hari Sharma(1999) Awakening Nature' s Healing Intelligence, Motilal banarsidass Publishers.

Henry B. Lin(2000) Chinese Health Care Secrets, Llewellyn Publications.

Henry David Thoreau(2004) Walden, Shambhara.

Ian Boumpheey(2011) Yesterday' s Birkenhead, The Nook.

Ian C. Laurie(editor, 1979) Nature in Cities, John Wiley & Sons.

Jacqeline Memory Paterson(1996) Tree Wisdom—The definitive guide book to the myth, folklore and healing power of Trees, Thorsons.

Jane Stoneham and Peter Thody(1994) Landscape Design for Elderly and Disabled People, Garden.Art. Press.

Janeen R. Adil(1994) Accessible Gardening for People with Physical Disabilities—A Guide to Methods, Tools and Plants, Woodvine House.

Jean Chevalier and Alain Gheerbrant(1996) The Penguin Dictionary of Symbols, Penguin Books.

Jerome Malitze & Seth Malitz(1998) Reflecting Nature—Garden Designs from Wild Landscapes, Timber Press.

Joan D. Stamm(2010) Heaven and Earth are Flowers—Reflections on Ikebana and Buddhism, Wisdom Publications.

John A. Grim(2001) Indigenous Traditions and Ecology, Harvard CSWR.

John B. Cobb, Jr., Ignacio Castuera(editors, 2015) For Our Common Home, Process Century Press.

Jung Seong—hae(1995) Studies on the healing effects of the plantscape in Korean psychiatric hospitals, Ph.D dissertation, Graduate School of Korea University.

Jung Xing · Park—sheung Ng(2016) Indigenous Culture, Education and Globalization, Springer.

Lee Jin—hee · Sim Woo—kyung(1999) Biological Absorption of SO2 by Korean Native Indoor Plants, Towards a New Millennium in People—Plant Relationships, International People—Plant Symposium, Sydney1998, University of Technology, Sydney, Printing Services, pp.101~108.

Lee Jin—hee · Sim Woo—kyung(1999) Image and Preference of the Ratio of Green Space decorated by Indoor Plants, Towards a New Millennium in People—Plant Relationships, International

People-Plant Symposium, Sydney1998, University of Technology, Sydney, Printing Services, pp.313~322.

Lee Jin-hee·Sim Woo-kyung(1999) The Effect on Recovery from Psychological Stress by indoor Plants, Towards a New Millennium in People-Plant Relationships, International People-Plant Symposium, Sydney1998, University of Technology, Sydney, Printing Services, pp.323~327.

Lynn Townsend White, Jr.(1967) The Historical Roots of Our Ecological Crisis, Science 58(3767); 1203-1207.

Martha M. Tyson(1998) The Healing Landscape-Therapeutic Outdoor Environments, McGraw-Hill.

Mary E. Tucker, et al(editors, 1998) Confucianism and Ecology, Harvard CSWR.

Mary E. Tucker, et al(editors, 1997) Buddhism and Ecology, CSWR.

Michael J. Balick, Paul Alan Cox(1996) Plants, People, and Culture-The Science of Ethnobotany, W H Freeman & Co.

Michel Conan(editor, 2008) Gardens and Imagination: Cultural History and Agency, Dumbarton Oaks.

Moyra Caldecott(1993) Myths of the Sacred Tree- Including Myths from Africa, native America, China, Sumeria, Russia, India, Greece, Scandinavia, Europe, South America and Arabia, Destiny Books.

N. J. Girardot, et al(editors, 2001) Daoism ND eCOLOGY, CSWR.

Nancy A. Leszczynski(1999) Planting the Landscape, John Wiley & Sons.

Nancy Gerlach-Spriggs, Richard Enoch Kaufman, San Bass Warner,Jr.(1998) Restorative Gardens-The Healing Landscapes, Yale University Press.

Nick Robinson(1992) The Planting Design Handbook, Gower.

Oh Sang-jo(2004) The Dangsan Tree, Stallion Press.

Pam Montgomery(2008) Plant Spirit Healing, -A Guide to Working with Plant Consciousness, Bear & Company.

Paul Cooper(2003) Interiorscapes-Gardens with Buildings, Mitchell Beazley.

Penelope Hobhouse(1997) Plants in Garden History, Pavilion.

Philip L. Carpenter, Theodore D. Walker, Frederick O. Lanphear(1975) Plants in the Landscape, W.H. Freeman and Company.

Phyllis Tickle(2014) The Age of the Spirit, BakerBooks.

R.A.Wood, M.D.Burchett, R.L.Orwell(1998) LIVING PLANTS TO IMPROVE INDOORAIR QUALITY, 한국인간·식물·환경학회지 1[1].

Relationships, International People-Plant Symposium, Sydney1998, University of Technology, Sydney, Printing Services, pp.270~276.

Richard Bird(1990) Companion Planting, Sterling Publishing Co.

Richard Bohannon(2014) Religions and Environments, Bloomsbury.

Richard C. Foltz, et al(editors, 2003) Islam and Ecology, Harvard CSWR.

Richard Evans Schultes, Albert Hofmann & Christian Ratsch(2001) Plants of the Gods-Their Sacred,

Healing and Hallucinogenic Powers, Healing Arts Press.

Robert Beer(1999) The Encyclopedia of Tibetan Symbols and Motifs, Shambhara.

Robert E. Ricklefs(1989) The Economy of Nature, W.H. Freeman and Company.

Robin C. Moore & Herb H. Wong(1997) Natural Learning–The Life History of an Environmental Schoolyard, MIG Communications.

Roger S. Gottlieb(2009) A Greener Faith–Religious Environmentalism and Our Planet's Future, Oxford University.

Ross Heaven and Howard G. Charing(2006) Plant Spirit Shamanism–Traditional Techniques for healing the Soul, Destiny Books.

Sandra Ingerman & Hank Wesselman(2010) Awakening to the Spirit World– The Shamnistic Path of Direct Revelation, Sounds True.

Sharon Stine(1997) Landscapes for Learning–Creating Outdoor Environments for Children and Youth, John Wiley & Sons.

Sim Woo-kyung(1989) Psychological Effects of Ornamental Plants on Mental Health in Korea, Acta Horticulturae 391: 261~264.

Sim Woo-kyung(1999) A Comparison of Plant Symbolism between the Occidental and the Oriental, Towards a New Millennium in People–Plant Relationships, Key–note at International People–Plant Symposium, Sydney1998, University of Technology, Sydney, Printing Services, pp.18~27.

Sim Woo-kyung·Jeong Seong-hae(1999) Therapeutic Effect and Evaluation of a Horticultural Therapy Program in Korean Psychiatric Ward, People–Plant Interaction in Urban Area: 92~97.

Sim Woo-kyung·Lee Jin-hee(1999) Effects of Interior Plants on Social Behaviors and Psychological Disorders of Psychiatric Patients in a Hospital Ward, Journal of Therapeutic Horticulture 9: 77~80.

Song Ji-hyun·Sim Woo-kyung(1999) An Experimental Study on the Effect of Horticultural Therapy with a Special Reference to Negative Symtoms of Schizophrenia, Towards a New Millennium in People–Plant Relationships, International People–Plant Symposium, Sydney1998, University of Technology, Sydney, Printing Services, pp.292~300.

Song Ji-Hyun·Sim, Woo-Kyong(2000) A Experimental Study on the Effects of Horticultural Therapy–With a Special Reference to Negative Symptoms of Schizophrenia, 한국인간·식물·환경학회지 3(1): 51~5.

Stephanie Kaza(2008) Mindfully Green–A Personal and Spiritual Guide to Whole Earth Thinking, Shambhala.

Stephen Harrod Buhner(2002) The Lost Language of Plants, –The Ecological Importance of Plant Medicines to Life on Earth, Chelsea Green Publishing.

Stephen Harrod Buhner(2004) The Secret Teachings of Plants–The Intelligence of the Heart in the Direct Perception on Nature, Bear & Company.

Stephen Harrod Buhner(2006) Sacred Plant Medicine–The Wisdom in Native American Herbalism, Bear & Company.

Stephen Harrod Buhner(2014) Plant Intelligence and the Imaginal Realm into the Dreaming of Earth—Beyond the Doors of Perception, Bear and Company.

Steven C. Rockefeller and John C. Elder(editors, 1992) Spirit and Nature—Why the Environment is a Religious Issue, Beacon Press.

Tennessee Conservationist(1962) The best 100-word description for 'land ethic' by an Indian, January 1962.

Zhu MING(translator, 2001) The Medical Classic of the Yellow Emperor(黃帝內經), Foreign Language Pres.

침상정원(sunken garden); 영국 햄톤 코트

경재 화단; 햄톤 코트

포장면적을 최소화하고 투수시킴; 영국 버큰헤드공원

바람이 강한 산 정상의 눈잣나무 군락: 설악산 대청-중청

깊은 산속은 최고의 삼림욕장: 설악산

통로주변 화단; 영국 Newby Hall and Garden

사찰 전나무 가로 숲: 오대산 월정사

아름다운 정원은 마음을 편안하게 한다; 영국

쏘로우가 친자연적 삶을 살았던 월든 숲의 오두막과 호수[사진: Niall Kirkwood]

바위타기를 즐기는 어린이들: 뉴욕 세트럴 파크

고산에 적응한 눈잣나무 군락: 설악산 대청봉~중청 사이